예수 JESUS

A. W. 토저 인사이트 INSIGHT 시리즈

시대를 일깨웠던 토저. 언제나 명료하고 도전적이었던 그의 설교는 오늘을 사는 우리에게도 전혀 어색하지
않을 만큼 시대를 뛰어넘는 명설교였다. Moody Publishers에서는 토저의 명설교 중에서도 주옥같은 글들
을 주제별로 모아 'INSIGHT'(통찰력) 시리즈로 출간했는데, 규장에서 이 시리즈를 한국 독자에게 번역, 소개
한다. 하나님은 토저의 통찰력을 통해 우리에게 많은 것들을 가르치시며, 우리의 영혼에 빛을 비춰주셨다. 그
러나 아무리 좋은 설교라도 그것이 우리의 삶에 적용되어 열매를 맺을 때에야 진정한 가치를 발하는 법이다.
이 시리즈를 통해 토저에게 배우고 자신을 점검하며 하나님께 한 걸음 더 가까이 나아가게 되기를 기대한다.

예수

■ JESUS ■

A. W. 토저 지음

규장

하나님을 아는 유일한 길, 예수

A. W. 토저는 살아 계신 하나님을 만난 사람이었으며, 다른 사람들이 우리의 창조주이자 구원자이신 하나님을 알도록 돕는 것을 일생의 사명으로 삼았다. 그리고 그는 하나님을 아는 유일한 길이 하나님의 형상이자 계시이신 그분의 아들 예수 그리스도 안에 있다고 확신했다.

이 책에 담긴 글들은 성자 하나님의 인격과 사역에 관한 토저의 글 중에서 극히 일부에 불과하다. 그는 성자 예수님의 영원한 본성, 성부와 성령과의 하나 됨, 성육신, 잃어버린 자들을 구원하기 위한 그분의 사명, 지금 하늘에서 행하시는 중보 사역과 그분의 궁극적인 재림, 그리고 영원한 통치 같은 주제들을 다루고 있다.

이제 당신이 만나게 될 것은 그리스도가 누구인지를 인식하고 우리의 주님이자 구세주이신 그분께 매일 복종하라는 부르심이다. 토저가 말했듯이, 그리스도는 만물의 중심이시다. 그분은 우리의 창조주이시며, 붙드시는 분, 은혜 베푸시는 분이시다. 그분의 영광을 위해 우리를 만드시고 그분의 넘치는 사랑을 받게 하신 분이시다.

우리는 주님의 충만한 데서 받았다. 그것은 절대 우리가 예수님의 충만함을 모두 받았다는 뜻이 될 수 없다. 예수 그리스도, 곧 영원한 하나님의 아들만이 하나님께서 피조물에게 그분의 은혜를 나눠 주시는 유일한 매개자라는 뜻이다.

예수 그리스도는 영원한 하나님의 아들이시고, 그분의 본질과 영원함과 사랑과 능력과 은혜와 선하심, 즉 그분의 모든 신적인 속성들이 아버지와 동등하시기 때문에 그분은 하나님이 모든 복을 나눠주시는 통로이신 것이다.

_ 3장 중에서

이미 몇십 년 전에 세상을 떠난 이의 글이지만, 그의 글은 사람의 아들이자 하나님의 아들이신 영원하신 분, 우리의 빛과 생명의 근원이 되신 분에 관하여 증거한다. 토저는 우리가 그나 그의 글이 아니라 예수 그리스도의 영광에 초점을 두길 원할 것이다. 이 책의 각 장은 당신이 예수님을 바라보게 하고, 경외심과 감사로 그분을 예배하도록 영감을 줄 것이다.

영원하신
하나님의 아들,
예수

JESUS

스스로 존재하시는
하나님

태초에 말씀이 계시니라 요 1:1

정말로 신성한 진리에 민감한 사람이라면 요한복음의 첫 구절이나 창세기의 첫 구절을 붙들고 씨름하려 할 때 종종 영적 답답함을 느끼곤 할 것이다.

다른 사람에게 이 핵심적인 성경 구절을 자세히 설명해줄 만큼 믿음과 경험이 풍부한 사람은 아무도 없다. 어떤 사람도 "태초에"라는 문구로 설교해선 안 되지만, 이 문구는 이 구절에도 있고 우리의 가르침에도 있다.

우리는 연구하고 배우기 위해 최선을 다하고 있으며, 확실히 여기엔 우리를 위한 심오하고 유익한 메시지가 있다. 하지만 우리는 여전히 오래전 시인이 표현했던 대로 "천사들도 밟기 두려워하는 곳으로 바보들이 뛰어 들어가는" 것 같은 감정을 느낄 것이다.

우리는 합당한 예배를 드리기 위해 하나님의 영원한 본성을 묵상해야 한다. 알다시피 나는 평생 이러한 신비를 간절히 사모했던 프레데릭 페이버(F. W. Faber, 1814~1863, 영국의 찬송시 작가)의 글을 자주 언급한다. 그는 따뜻하고 경이로운 글로 '하나님의 영원한 자존'(self-existence)에 대한 이상을 찬양했다.

아버지여,
사람들과 천사들이 아는
가장 감미롭고 사랑스러운 이름이여!
어떤 원천에서도 흘러나올 수 없는
생명의 샘이시여!
하늘과 땅이 아직 만들어지지 않았을 때,
시간이 아직 알려지지 않았을 때,
주님은 기쁨과 위엄 가운데
홀로 살아 계시며 사랑하셨습니다.
주의 광대하심은 어리거나 늙지 않았으며
주의 생명은 결코 더 커지지 않았습니다.
어떠한 시간도 주의 날들을 측정할 수 없고,
어떠한 공간도 주의 보좌를 만들 수 없습니다.

형제들이여, 확실히 이것은 우리가 알 수 있는 가장 크고 위대한 사상 중 하나임이 틀림없다. 즉, 우리와 관계를 맺으신 분은 살아 계시고 영원하신 하나님이며, 우리는 오직 하나님 안에서만 원인 없는 존재가 있을 수 있다는 것을 인정한다!

이런 맥락에서, 나는 우리 시대 그리스도인의 사고가 얄팍한 것에 슬픔을 느낀다. 많은 사람이 일종의 장난감처럼 종교에 흥미를 갖는다. 우리가 판단을 내릴 수 있다면, 수많은 사람이 하나님께 나아가려는 진정한 갈망 없이 교회에 가는 것이 보일 것이다. 그들은 하나님을 만나고 그분의 임재 안에서 즐거워하기 위해 오는 것이 아니다. 그들은 위에 있는 영원한 세계에서 전해오는 말씀을 듣기 위해 오는 것이 아니다!

원인 없이 존재하시는 유일한 분

우리 주변의 모든 것에는 반드시 배후의 원인이 있다는 것을 분명히 알아야 한다. 당신에게도 원인이 있고 나에게도 원인이 있다. 우리가 아는 모든 것은 어떤 원인의 결과이다.

만일 시간을 되돌려 몇천 년의 역사를 거슬러 태초의 때로 데려가 줄 특별한 기계 안에 들어갈 수 있다면, 우리는 하나님 외에는 아무것도 존재하지 않는 시점에 이를 것이다. 우리가 역사와 우주 안의 모든 것을 지울 수 있다고 상상해보면, 하나님 안에서 원인 없이 존재하는 분을 볼 것이다. 스스로 충분하시고,

창조되지 않으셨고, 태어나지 않으셨으며, 만들어지지 않으신 하나님, 홀로 살아 계시고 영원하시며 스스로 존재하시는 하나님을!

하나님께 비하여 본다면, 세상에서 우리를 둘러싼 모든 것은 그 위상과 의미가 축소된다. 그 모든 것이 작은 일에 불과하다. 작은 설교자들이 있는 작은 교회들, 작은 작가들과 작은 편집자들, 작은 가수들과 작은 음악가들, 작은 집사들과 작은 직분자들, 작은 교육자들과 작은 정치인들, 작은 도시들과 작은 사람들과 작은 것들!

형제들이여, 인류는 세계와 시간과 공간과 물질을 구성하는 작은 먼지 알갱이들에 짓눌려서, 한때 하나님이 아무런 지원과 도움과 피조물 없이 홀로 살아 계셨고, 거하셨고, 존재하시며 사랑하셨다는 사실을 잊어버리기 쉽다.

바로 원인 없이 스스로 존재하시는 하나님이다!

우리가 이야기하는 이 하나님은 그 누구로부터 어떠한 것도 받을 필요가 없으셨다. 하나님은 아무에게도, 아무것도 빚진 적이 없으시다.

어떤 사람들은 주일날 교회 헌금함에 10달러짜리 지폐를 넣으면서 뻔뻔스럽게 자신이 하나님을 구제하고 있다고 생각한다. 우리 중에 어떤 사람은 마치 '자, 이제 하나님의 기분이 더 좋아지시겠지!'라고 말하듯 의기양양한 태도로 헌금을 한다고 해도 과장이 아닐 것이다.

하나님은 아무것도 필요하지 않으시다

이 말이 서운하게 느껴질지도 모르겠지만, 하나님은 우리가 가진 그 어떤 것도 필요로 하지 않으신다는 말을 꼭 해야겠다. 하나님은 당신의 돈을 조금도 필요로 하지 않으신다. 이런 문제에 있어서 중요한 것은 우리의 영적 행복이다. 우리 자신과 우리가 가진 것을 하나님께 드리는 것과 관련된, 아름답고 풍요로운 원리가 있다. 하지만 우리 중 누구도 천국에 어려움이 있어서 헌금을 하는 것이 아니다.

성경의 가르침은 명백하다. 당신은 당신이 가진 모든 것을 혼자서 간직할 권리가 있다. 그러나 그것은 녹슬고 부패할 것이며, 궁극적으로 당신을 파멸시킬 것이다.

오래전 하나님은 "만일 내게 무엇이 필요한들 너희에게 말했겠느냐?"라고 말씀하셨다. 살아 계신 하나님께 무엇이 필요했다면, 그분은 더 이상 하나님이 아닐 것이다.

그것은 태초 전이었다. 우리는 지금 성경이 '창세 전'이라고 부르는 것에 관심을 두고 있다.

태초에 하나님이 창조하셨다고 한다. 우리는 하나님이 그분의 창조물에 의존하지 않으신다는 사실을 깨닫는다. 만일 하나님께 어떤 도움이나 힘이 필요했다면, 그분은 전능한 존재가 아닐 테고 따라서 하나님이 아닐 것이다.

만일 하나님께 충고나 조언이 필요했다면, 그분은 주권자가 아닐 것이다. 만일 하나님께 지혜가 필요했다면, 그분은 더 이상 전능한 존재가 아닐 것이다. 만일 하나님께 어떤 지원이나 부양이 필요했다면, 그분은 스스로 존재할 수 없을 것이다.

따라서 인간에 관한 한, 시작이 있었고 창조가 있었다. '태초에'라는 말은 전능하신 하나님의 생년월일을 나타내지 않는다. 우리가 생각할 때 그것은 하나님이 더 이상 홀로 계시지 않고 시간과 공간과 피조물과 존재들을 창조하기 시작하신 시점을 의미한다.

그러나 우리는 창조 이전의 상황을 떠날 준비가 되어 있지 않다. 땅의 기초가 놓이기 전, 창조되지 않은 존재인 하나님이 홀로 거하실 때, 성부와 성자, 성자와 성령, 성령과 성부와 성자가 서로 사랑하며 거하실 때를 말이다.

하나님은 시작도 없고 끝도 있을 수 없는 평온함 가운데 거하시는 영원한 하나님이시다.

지금 당신은 내가 '창조 이전의 공허'라는 표현을 사용하지 않은 것에 주목할 것이다. '공허'는 유용하고 좋은 단어다. 달리 뭐라고 말해야 할지 모를 때 우리는 그것을 '공허'라고 부른다.

그러나 창조 전에, 하나님이 존재하셨고 하나님은 공허가 아니시다. 그분은 삼위일체 하나님이시며 전부이시다. 창조 전에 존재하신 하나님은 이미 바쁘셨다. 영원한 자비를 베푸느라 바쁘셨으며, 하나님의 마음은 아직 창조되지 않은 인류를 위한 자비로운 생각과 구원 계획으로 동요되고 있었다.

여기서 에베소서 1장 4절을 읽는 것이 좋겠다.

"곧 창세 전에 그리스도 안에서 우리를 택하사 우리로 사랑 안에서 그 앞에 거룩하고 흠이 없게 하시려고."

나의 설교에 때때로 칼빈주의자들이 불안해한다는 것을 안다. 또 때로는 알미니안주의자들이 불안해한다는 것도 알고 있다(칼빈주의는 하나님의 주권을 강조하면서 구원이 하나님의 주권적 예정에 의해 결정된다고 믿는 사상인 반면, 알미니안주의는 인간의 의지가 궁극적으로 구원을 좌우한다고 믿는 사상이다 - 역자 주). 아마 지금은 알미니안주의자들이 식은땀을 흘릴 때일 것 같다.

창조 전

바울은 에베소의 성도들에게 우리가 창세 전에 그리스도 안에서 택함을 받았다고 말한다. 어떤 사람들은 "세상이 창조되기 전에 하나님 안에서 택함을 받는 것이 어떻게 가능합니까?"라고 말할 것이다. 거기에 나는 질문으로 대답한다.

"아무 문제도 없고, 법도 없고, 움직임도, 관계도, 공간도, 시간도, 존재들도 없고 오직 하나님만 계시던 때를 당신은 어떻게 설명할 수 있습니까?"

만일 당신이 그것을 나에게 설명할 수 있다면 나도 창세 전에 하나님이 어떻게 그리스도 안에서 나를 택하셨는지 설명할 수 있을 것이다. 내가 말할 수 있는 것은 우리는 하나님의 '미리 아심'을 고려해야 한다는 것뿐이다. 베드로가 그리스도인 형제들에게 편지를 쓰면서 그들을 "하나님 아버지의 미리 아심을 따라 성령이 거룩하게 하심으로 순종함과 예수 그리스도의 피 뿌림을 얻기 위하여 택하심을 받은 자들"(벧전 1:2)이라고 칭했으니 말이다.

태초에 있었던 창조 행위들은 하나님의 첫 활동이 아니었다. 하나님은 그전에도 늘 바쁘셨다. 세상의 기초를 세우기 전에 택하시고 미리 정하는 일들을 해오셨기 때문이다.

〈우리는 정해진 길을 간다〉라는 제목으로 사설을 쓴 적이 있다. 나는 그 글에서, 우리는 세상에서 고아가 아니며, 살아서 숨 쉬는 것이 우연이 아니고, 믿음으로 하나님의 자녀 된 자들이라는 사실을 지적했다. 우리의 하늘 아버지께서 우리보다 앞서가시고, 목자가 앞서가시며 길을 이끄시는 것이 사실이라고 했다.

독자 중에 어떤 사람이 이런 글을 보내왔다.

"저는 감리교 신자로 자랐습니다. 목사님의 말은 이것이 '예정'이라는 뜻인가요? 그것은 장로교 신자들이 믿는 것입니다. 정말 그런 뜻인가요?"

나는 그에게 편지를 썼다.

"친애하는 형제님, 우리는 정해진 길로 간다고 했을 때, 저는 예정이나 운명, 영원한 안전, 또는 영원한 규례에 대해 생각하지 않았습니다. 단지 저는 선한 사람의 걸음이 하나님의 인도하심을 받는다면 얼마나 멋진 일일지 생각하고 있었고, 성별된 그리스도인이 자신을 하나님의 손에 맡기면 우연한 사건들도 축복으로 변할 거라는 생각을 했습니다. 그뿐만 아니라 우리 하나님은 마귀가 스스로 하나님의 성도들의 영광을 위해 일하게 만드실 것입니다."

우리가 매일 하나님의 뜻 가운데 행할 때 비극과 상실처럼 보이는 일도 결국엔 축복과 유익으로 드러난다는 것을 하나님의 자녀들은 늘 경험해왔다.

나는 그렇게 깊이 들어갈 의도가 없었다. 그저 우리의 하늘 아버지께서 우리의 길을 인도하시고 선한 사람의 걸음이 하나님에 의해 정해진다고 이야기했을 뿐이었다. 나는 감리교인 형제가 오늘 밤 하나님이 자신을 보살피고 계시다는 사실을 확신하기 위해 장로교인이 되지 않아도 된다는 걸 알고 편히 잠들 수 있을 거라고 확신한다.

태초에 물질을 창조하셨다

자, 다시 한번 창조의 기록으로 돌아가 보자.

"태초에."

하나님이 물질을 창조하셨다는 것은 명백하다. 그리고 그것은 나쁘지 않다! 물질(matter)은 모든 물리적 사물을 구성하며, 그 단어에서 '물질적인'(material)이나 '물질주의'(materialism)라는 단어들이 파생됐다.

몇몇 학식 있는 형제들이 우리에게 물질주의에 대항하는 치열한 싸움에 모두 동참해야 한다고 조언할 때 회중 가운데 많은 사람이 혼란을 느낄 것으로 생각한다. 모든 사람이 대적을 찾기 위해 주위를 둘러보지만, 대적은 보이지 않는 듯하다. 물질주의가 무엇인지 모른다면 어떻게 그 싸움에 가담하길 기대할 수 있겠는가?

'물질주의'라는 단어는 현대 용어의 일부가 되었다. 우리가 물질로 받아들이는 창조물들은 우리 주변 어디에나 있다. 즉, 우리가 만지고, 냄새 맡고, 맛보고, 처리하고, 보고, 들을 수 있는 것들이다. 우리의 감각으로 느낄 수 있는 것들, 그것이 물질적인 것들이며 나쁜 것이 아니다.

절정에 달한 물질주의는 하나님의 형상으로 창조된 사람들이 물질을 궁극적인 것으로 받아들이고 간주할 때 나타난다. 물질적, 물리적인 것들에 대해 그들은 이렇게 말한다.

"이것들이 유일한 실체입니다. 물질이 궁극적인 거예요. 다른 것은 없습니다!"

"우리는 물질주의와 싸워야 한다"는 말은 모든 사람이 검을 들고 '물질적'이라 불리는 동료를 쫓아가 그를 죽여야 한다는 뜻이 아니다. 그 말의 의미는 우리가 하나님의 창조에 관한 사실을 믿기 시작해야 하며, 물질은 모든 지혜를 갖고 계시며 늘 사랑하시는 하나님의 창조물에 불과하다는 것, 우리가 알고 누리는 물리적인 것들은 궁극적인 것이 아니라는 뜻이다. 그것들은 그 자체로 목적이 아니다.

창조 이야기에서, 하나님은 물질을 두실 장소가 필요했고 그래서 공간을 창조하셨다. 움직일 공간을 만드셔야 했기 때문에 시간을 창조하셨다.

우리는 시간을 하늘나라의 거대한 실패에 감겨 있는 것으로 간주하며, 여자들보다 남자들에게 더 빨리 풀린다고 생각한다. 그런데 시간은 그런 것이 아니다. 시간은 중간 개체이며, 그 안에서 사물이 변한다. 아기가 자라게 하는 것은 시간이 아니다. 그 일을 일으키는 것은 변화이다. 변화가 일어나려면, 연속적인 변화가 필요하다. 우리는 그것을 시간의 연속성이라 부른다.

그다음에 하나님은 시간과 공간, 그리고 물질을 다스리는 법칙을 만드셨다. 지나친 단순화일 수도 있으나, 하나님이 제정하신 법칙 안에서 하나님은 물질에 대해 이렇게 말씀하신다.

"자, 널리 퍼져서 세상이 돌아가게 하여라."

그리고 그 기록 안에서, 우리는 하나님이 생명을 창조하신 것을 본다. 하나님은 생명을 창조하셔서, 시간과 공간과 움직임과 물질을 인식할 수 있게 하셨다. 그리고 영을 창조하셨다. 하나님 자신을 인식하는 피조물들이 존재하게 하기 위함이었다. 그다음 하나님은 온 우주를 체계화하셨고, 그로써 우리에겐 세상이 생겼다.

나는 여기서 설명한 것보다 창조가 훨씬 더 복잡할 것으로 생각한다. 또한 내가 그것에 대해 말하는 시간보다 훨씬 더 오랜 시간이 걸렸을 것이다. 그러나 그것은 하나님이 하늘과 땅을 창조하신 태초였다. 그것이 인간 사고의 시작이었다. 거기서 시간, 공간과 함께 물질이 시작되었다. 거기서 창조된 생명이 시작되었다.

오, 살아 계시고, 사랑이시며, 창조하시는 하나님에 관하여 명백한 기록이 있으니 얼마나 다행인가!

하나님의 영원한 사랑

나는 나를 둘러싼 세상의 상황을 갑자기 인식하지 못하게 되신 하나님을 예배할 수 있다고 생각지 않는다. 내가 옹호해야 하는 하나님 앞에 무릎을 꿇을 수 없었을 것 같다.

형제들이여, 나는 결단코 나를 필요로 하시는 하나님께 나 자신을 드릴 수 없었을 것이다. 만일 하나님께 내가 필요했다면 나는 그분을 존경할 수 없었을 것이고, 내가 그분을 존경할 수 없다면 예배할 수도 없었을 것이다.

나는 결단코 이렇게 말할 순 없었다.

"아버지, 요즘 상황이 아버지를 점점 더 힘들게 한다는 걸 압니다. 모더니즘이 성도들을 어렵게 만들고 있고, 또 공산주의가 하나님나라에 심각한 위협이 된다는 걸 압니다. 하나님, 저는 하나님께 정말로 저의 도움이 필요하다는 걸 알고, 저 자신을 주님께 드립니다."

몇몇 선교사들이 하는 호소가 이와 같은 오류에 가까워지고 있다. 하나님이 우리를 몹시 필요로 하시기 때문에 우리가 선교 사역에 동참해야 한다는 것이다.

사실 하나님은 이 세상 위에 군림하시며, 구름은 그분 발의 먼지이다. 당신이 하나님을 따르지 않는다면, 당신은 모든 것을 잃을 것이나 하나님은 아무것도 잃지 않으실 것이다. 하나님은 여전히 그분의 성도들 안에서 영광을 받으시고 그분을 경외하는 모든 이들에게 찬양을 받으실 것이다. 하나님이 영원히 우리를 기뻐하실 수 있는 곳으로 나아가는 것이 모든 사람이 행해야 할 첫 번째 책임 있는 행동이어야만 한다!

이 모든 생각은 하나님의 성품과 가치에 근거한 것이다. 어디서든 불쌍한 하나님이 당신을 필요로 하시기 때문에 연민의 표시로 하나님께 나아가려는 사람은 없어야 한다. 오, 나의 형제여, 그러면 안 된다!

하나님은 하나님을 사랑하길 원치 않고 그분을 섬기길 원치 않는 사람들을 위한 곳으로 지옥이 있다는 것을 명백히 밝히셨다. 이 사실의 슬픔과 비극은 바로 이들이 하나님께 너무나 소중한 인간들이라는 데 있다. 하나님께서 그들을 그분의 형상으로 창조하셨기 때문이다. 피조물 가운데 다른 어떤 것도 하나님의 형상으로 창조되었다고 한 바가 없다.

타락하고 멸망해가는 인간이 여전히 세상의 다른 어떤 피조물보다 하나님의 형상에 더 가깝기 때문에 하나님은 그에게 회심(回心)과 중생(重生), 죄 사함을 주신다. 말씀이 육신이 되어 우리 가운데 거하실 수 있었던 것은 분명 인간의 인격 안에 있는 이 거대한 잠재력 때문이었다. 히브리서 2장 16절 말씀처럼, 주님은 "천사들을 붙들어주려 하심이 아니요 오직 아브라함의 자손을 붙들어주려" 하셨다.

게으른 낭비자가 되지 말라

우리는 성경에서 여러 방면으로, 창조주 하나님이 인간의 인격을 헛되게 만들지 않으신다는 것을 확신하게 된다. 그러나 확실히 인간의 인격이 스스로를 헛되게 만들 수 있다는 것이 냉혹한 삶의 비극 중 하나이다. 인간은 자신의 죄로 인해 자신을 헛되게 만들고, 그것은 세상에서 하나님과 가장 닮은 것을 헛되게 하는 것이다.

죄는 질병이다. 죄는 무법이다. 죄는 반항이다. 죄는 위법이다. 그러나 죄는 또한 세상 모든 보물 중에 가장 귀중한 것을 낭비하는 것이다. 그리스도 밖에서 죽은 사람을 '잃어버린 자'라고 한다. 그의 상태를 그보다 더 정확하게 표현하는 단어는 찾기 어렵다. 그는 정말로 진귀한 재물을 낭비해오다 마침내 아주 잠깐 서서 주위를 둘러보면 압도적이고 돌이킬 수 없는 상실로 자신의 영혼과 생명, 평안, 완전히 신비로운 성품, 소중하고 영원한 모든 것을 잃어버린 도덕적 바보, 게으른 낭비자가 되어 있다!

오, 전능하신 하나님이 창세 전부터 우리를 사랑하셨고 우리에 대해 생각하셨으며, 구속과 구원과 죄 사함을 계획하셨다는 것을 어떻게 주변 사람들에게 알릴 수 있을까? 그리스도인 형제들이여, 왜 우리는 하나님의 크고 영원한 관심사를 선포하는 일에 더 충실하고 진지하지 않은가?

우리가 우리의 증거에 충실하지 않으면, 우리를 둘러싼 온 세상 사람들이 어떻게 하나님이 모든 것의 모든 것 되심을 알게 될 수 있겠는가? 세상 모든 것이 헛된 것처럼 보일 때, 하나님은 우리가 그분이 위대한 실체이시며 오직 그분만이 다른 모든 실체에 의미를 부여하실 수 있다고 선포할 거라 믿고 계신다.

불만에 찬 군중이 어떻게 우리가 하나님에 의해, 하나님을 위해 창조되었다는 사실을 발견하고 알게 되겠는가? "나는 어디서 왔는가?"라는 질문에 대한 가장 좋은 답은 "하나님이 너를 만드셨단다!"라는 그리스도인 어머니의 대답이다. 오늘날 세상의 온

갖 풍부한 지식도 이 단순한 답을 능가할 수 없다.

굴지의 과학자들이 우리에게 물질 운용의 비밀에 대한 그들의 광범위한 연구를 이야기해줄 수 있지만, 물질의 기원은 깊은 침묵 속에 있으며 인간의 수많은 질문에 답을 주지 않는다.

하나님, 스스로 존재하시는 하나님, 모든 것을 아시고 전능하신 하나님이 하늘과 땅을 만드셨고 그 땅 위에 인간을 만드셨다. 또한 하나님은 그분 자신을 위해 인간을 만드셨으니, "하나님은 왜 나를 만드셨는가?"라는 질문에 다른 답은 없다.

이 힘든 시대에 우리는 확고하고 단호하게 이와 같은 선언을 할 수 있는 것이 매우 중요하다.

"주께서 이같이 말씀하셨느니라!"

우리의 주된 업무는 우리 세대와 언쟁을 벌이는 것도 아니고, 설득하거나 입증하는 것도 아니다. "주께서 이같이 말씀하셨느니라"라는 선언과 함께, 우리는 결과에 대한 책임을 하나님께 돌린다. 아무도 이것을 넘어설 만큼 충분히 아는 사람도, 알 수 있는 사람도 없다. 하나님은 그분 자신을 위해 우리를 만드셨다. 그것이 인간의 존재에 대해 말할 수 있는 처음이자 마지막 사실이며, 그 외에 우리가 덧붙이는 것은 무엇이든 부연설명에 불과하다.

💬 깊이 생각하기

1. 영원하시고 스스로 존재하시는 하나님의 본성을 의도적으로 의식하는 것이 당신의 일상생활에 어떤 영향을 미치는가?

2. 하나님이 아무것도 필요로 하지 않으신다면 왜 우리를 창조하셨는가?

3. 하나님이 영원하시고 변치 않으신다면, 우리를 향한 그분의 사랑에 있어서 그것은 무엇을 의미하는가?

* *Christ the Eternal Son*
Christian Publications, 1982; WingSpread Publishers, 2010, 재출간.

CHAPTER 02

하나님 본체의
형상

이는 하나님의 영광의 광채시요 그 본체의 형상이시라
그의 능력의 말씀으로 만물을 붙드시며 히 1:3

영원한 아들이신 예수님이 "하나님의 영광의 광채시요 그 본체
의 형상이시라"(히 1:3)라는 말씀이 나타내려 하는 바를 모두 이
해할 수 있다면 얼마나 좋을까. 내가 알고 이해하는 것은, 예수
그리스도는 하나님 자신이라는 것이다. 신자이자 제자로서, 부
활하시고 승천하신 그리스도가 지금 나의 대제사장이시며 하늘
보좌에 계신 중보자이심이 매우 기쁘다.

히브리서 기자는 이 서술적이고 인상적인 언어로 우리의 주의
를 끈다.

(하나님이) 이 모든 날 마지막에는 아들을 통하여 우리에게 말씀
하셨으니 … 이는 하나님의 영광의 광채시요 그 본체의 형상이시라
그의 능력의 말씀으로 만물을 붙드시며 히 1:2,3

우리가 성경을 믿는 이유는, 성경이 하나님의 영감으로 쓰여
졌다고 믿기 때문이다. 우리는 그것을 믿기 때문에 예수님이 바
로 하나님이시라는 것을 믿고 고백한다.

이 광대하고 복잡한 세상 어디에도 성육신, 즉 하나님이 인간
의 역사 속에서 우리 가운데 거하시기 위해 육신이 되신 행위에
관한 기록만큼 아름답고 강렬한 것이 없다. 이 예수님, 하나님
의 그리스도, 우주를 창조하시고 능력의 말씀으로 만물을 붙드
시는 분이 우리 가운데 작은 아기로 계셨다. 그 아기는 어머니의
품 안에서 울다가 위안을 받고 잠이 드셨다. 경건의 신비는 참
으로 놀랍다.

그러나 이와 관련하여, 최근 기독교 안에서 뭔가 이상하고 비
극적인 일들이 일어났다. 한 예로, 일부 사역자들이 성도들에게
신학자들이 예수님의 동정녀 탄생에 이의를 제기하더라도 크게
신경 쓰지 말라고 조언했던 것이다. 그들은 그 문제가 중요하지
않다고 말한다. 다른 예는, 자칭 그리스도인이라 하는 자들이
예수님의 신성의 특별함과 실체에 관하여 그들이 정말로 믿는지
에 대해 확답하기를 원치 않는다고 말하는 것이다.

그리스도에 대한 확신

우리는 전통적인 정의들이 여전히 유효하다고 확신할 수 없는 사회에 살고 있다. 하지만 나는 늘 있던 자리에 있다. 진실한 신자는 세상 어디에 있든 겸손하게, 그러나 확실하게 예수 그리스도의 인격과 지위에 대해 확신한다. 그런 신자는 예수 그리스도가 참 하나님이시며 영감을 받은 성경 기자의 말처럼 모든 것 되신다는 사실에 침착하고 강한 확신을 가지고 산다. 그분은 "하나님의 영광의 광채시요 그 본체의 형상"이시다.

히브리서에 나오는 그리스도에 관한 이 관점은 바울이 예수님을 "보이지 아니하는 하나님의 형상이시요 모든 피조물보다 먼저 나신 이"(골 1:15)이며 "그 안에는 신성의 모든 충만이 육체로 거하"신다고(골 2:9)고 묘사할 때 말한 것과 조화를 이루며 그것을 뒷받침해준다.

성경을 믿는 그리스도인들은 이 문제에 대해 같은 입장이다. 그들은 세례의 방식이나 교회의 행정조직, 또는 예수님의 재림에 대해 각기 다른 견해를 갖고 있을지 모른다. 하지만 영원하신 하나님의 아들의 신성에 대해선 모두 동의한다. 예수 그리스도는 아버지와 같은 본질을 가지고 계신다. 즉, 하나님의 독생자이시며, 창조되지 않으셨다(니케아 신조). 이 진리를 옹호할 때 우리는 매우 신중하고 또 매우 담대해야 한다. 필요하면 공격적인 태도를 취해야 한다.

주 예수 그리스도가 세상에서 우리 가운데 계실 때 하셨던 말씀을 연구할수록 우리는 그분이 누구신가에 대해 더욱더 확신하게 된다. 어떤 비평가들은 "당신도 알다시피 예수님은 하나님이라고 주장하지 않으셨습니다. 그분은 자신을 인자(Son of Man)라고 하셨을 뿐입니다"라고 항변했다.

예수님이 '인자'라는 말을 자주 사용하신 것은 사실이다. 조심스럽게 말하자면, 그분은 자신이 인간, 사람의 아들이신 것을 자랑스러워하거나 적어도 기뻐하시는 듯했다. 하지만 그분은 자신을 대적하는 자들 가운데 있을 때도 자신이 하나님이심을 담대히 증거하셨다. 자신이 하늘에 계신 아버지에게서 왔으며 아버지와 동등하시다는 사실을 매우 강력하게 말씀하셨다.

우리는 우리가 무엇을 믿는지 안다. 그 누구도 부드러운 말과 매력적인 언변으로 우리를 설득하여 예수 그리스도가 하나님보다 못한 분이심을 인정하게 만들지 말라.

하나님이 육신이 되셨다

히브리서 기자는 박해당하고 낙심에 빠진 유대 그리스도인들에게 예수 그리스도 안에 있는 하나님의 최종적이고 완전한 계시에 관하여 알려주고 있다. 그는 아브라함, 이삭, 야곱의 하나님에 대해 전했다. 그리고 또 한 분이 오셨다고 선언했다. 그분은 육신이 되셨으나 하나님과 다르지 않은 분이었다. 성부 하나님은 아니었다. 성부 하나님은 성육신하신 적이 없고 앞으로도 없을 것이기 때문이다. 그분은 영원하신 성자 하나님, 아버지의 영광의 광채이자 본체의 형상이시다.

영광이라는 단어에, 특히 신에 대한 묘사와 관련되면서 어떤 변화가 일어났다. '영광'은 정말 아름답고 놀라운 단어 중 하나인데, 그 의미의 많은 부분을 상실할 정도로 끌어내려졌다. 예수 그리스도의 영광을 빛나는 후광으로 묘사한 옛날 예술가들이 관련이 있는지도 모른다. 즉, 예수님의 머리 주위에 빛나는 고리 같은 것 말이다. 하지만 예수 그리스도의 영광은 절대 머리 주위에 빛나는 원형 같은 것이 아니었다. 그것은 희미한 노란빛이 아니었다.

나는 우리 주와 구세주에 관한 우리의 부주의하고 불손한 태도를 눈감아주기가 어렵다. 예배하는 그리스도인들은 우리가 하는 일을 설명할 때가 아니라면 신학적인 단어나 표현을 대중적이거나 경솔한 의미로 사용하는 죄를 절대 범해선 안 된다고 강력하게 생각한다. 우리가 성자 하나님의 영광에 대해 말할 때는 실제로 우리의 감탄과 존경심을 일으키는 그분의 인격과 성품의 특성을 언급하는 것만이 합당하다.

주님을 사랑하고 섬기는 사람들에게, 그분의 영광은 노란빛이나 빛나는 고리를 의미하지 않는다. 주님의 참된 영광은 천상의 존재들이 주님 앞에서 그들의 얼굴을 가리게 만드는 것이다.

주님의 영광은 그들의 고매한 찬양을 낳는다.

"거룩하다 거룩하다 거룩하다 만군의 여호와여!"

여호와의 영광은 그분께 우주적 찬사를 보내는 밝은 빛이다. 그것은 그분의 피조물로부터 사랑과 예배를 요구한다. 그것은 모든 피조물들에게 그분을 알린다.

하나님의 영광은 곧 하나님의 성품이다.

하나님은 사람들이 그분을 영광스럽게 생각할 때까지 영광을 받지 않으신다. 그러나 사람들이 하나님을 어떻게 생각하는지는 중요하지 않다. 하나님은 한때 아무도 접근할 수 없는 빛 가운데 거하셨다.

그러나 그분은 말씀하시고, 자신을 표현하길 원하셨다. 그래서 하늘과 땅을 창조하셨고, 인간을 포함한 피조물로 땅을 가득 채우셨다. 하나님은 인간이 하나님 안에 있는 영광스럽고 감탄스럽고 뛰어난 것에 반응하길 기대하셨다.

하나님의 피조물이 사랑과 경배로 나타내는 반응이 바로 하나님의 영광이다. 그리스도가 하나님 영광의 광채라고 말할 때 우리는 그리스도가 하나님의 모든 것을 비추는 빛이라고 말하는 것이다. 그분은 빛이요 광채이시다. 하나님이 자신을 나타내실 때는 그리스도 예수 안에서 나타내셨다. 그리스도는 만유이시며 만유 안에 계셨다. 그분은 하나님 본체의 형상이시다.

하나님의 형상

이 문맥에서 '본체'라는 단어는 이해하기가 어렵다. 교회사는 신학자들이 그로 인해 겪은 어려움들을 여실히 보여준다. 때때로 하나님의 인격은 '본체'라 불리기도 했고 '본질'로 불리기도 했다. 인간의 머리로는 하나님의 존재를 이해할 수 없다. 하지만 영원하신 하나님은 거대한 우주를 구성하는 모든 것을 붙드시고 지탱해주신다. 그리고 예수 그리스도는 우리에게 정확히 하나님의 모든 것인 하나님 본체의 형상으로 나타나셨다.

'형상'이라는 단어는 고위 인사의 문서나 서신이 진짜임을 보증하는 인장에서 유래했다. 성육신하신 예수 그리스도는 신성에 가시적인 형상과 진실성을 부여한다. 보이지 않는 하나님이 보이게 되셨을 때 그분이 바로 예수 그리스도셨다. 볼 수도 없고 만질 수도 없는 하나님이 우리 가운데 거하기 위해 오셨을 때 그분이 예수 그리스도셨다.

나는 우리 주 예수 그리스도의 이 묘사를 일종의 신학적 주장으로 제시하지 않았다. 그저 성령이 성별된 히브리서 기자를 통해 말씀하신 것을 최선의 방법으로 설명하려 할 뿐이다.

하나님은 어떤 분이신가? 그것은 오랜 세월에 걸쳐 가장 많은 사람이 한 질문이다. 우리 아이들이 고작 서너 살밖에 안 됐을 때 순진무구한 단순함으로 "하나님은 어떤 분이에요?"라고 묻는다. 사도 빌립은 자기 자신과 온 인류를 위해 그 질문을 했다.

"주여 아버지를 보여 주옵소서 그리하면 족하겠나이다" (요 14:8).

철학자들은 반복해서 그 질문을 했다. 종교인들과 사상가들은 몇천 년 동안 그 질문과 씨름해왔다.

바울은 아덴에서 설교를 할 때 '미지의 하나님'에 대한 인류의 탐구를 이야기했다. 그는 하나님의 의도는 인간이 "혹 하나님을 더듬어 찾아 발견하게 하려 하심이로되 그는 우리 각 사람에게서 멀리 계시지 아니하도다 우리가 그를 힘입어 살며 기동하며 존재하느니라"(행 17:27, 28)라고 선언했다. 바울은 우주 안에 계신 하나님의 존재에 대해 말하고 있었다. 즉, 그 존재는 인간의 마음이 그분을 향하게 만드는 생생한 하나님의 음성이 된다.

아! 인간은 죄 때문에 어디로 향할지 알지 못했다. 죄는 그의 눈을 가렸고, 귀를 막았으며, 그의 마음을 둔하게 만들었다. 죄는 인간을 혀가 없는 새처럼 만들었다. 자기 안에 노래하려는 본능과 갈망은 있으나 그럴 능력이 없는 존재이다.

영국의 시인 존 키츠(John Keats)는 혀를 잃어버린 나이팅게일에 대한 이야기를 아름답고 눈부시게 표현했다. 노래하고 싶은 깊은 본능을 표현할 수 없었던 그 새는 내면의 강한 압박에 죽고 말았다.

하나님은 그분의 형상을 따라 인간을 만드셨다. 그리고 그들에게 "영원을 사모하는 마음을"(전 3:11) 주셨다. 얼마나 생생한 묘사인가! 그것이 우리 자신에 대해 얼마나 많은 것을 설명해주는가!

우리는 시간의 피조물이다. 우리의 손과 발 안에, 우리의 몸 안에 시간이 있다. 그 시간은 우리를 늙게 하고 결국은 죽게 한다. 그럼에도 불구하고 우리에게는 영원을 사모하는 마음이 있다!

타락한 세상에 사는 타락한 사람으로서 우리의 가장 큰 비극 중 하나는 우리의 마음에 심겨진 영원과 몸 안에 있는 시간 사이에 끊임없는 싸움이 벌어진다는 것이다. 그렇기 때문에 우리는 하나님 없이는 결코 만족할 수 없다. "하나님은 어떤 분이신가?"라는 질문이 모든 사람에게서 계속 나오는 이유도 여기에 있다. 하나님은 그분의 형상으로 지음 받은 모든 사람의 마음속에 영원의 가치를 심어두셨다.

인간으로서 우리는 탐구와 조사를 계속함으로써 우리 자신을 만족시키려고 애써 왔다. 우리는 하나님이 계신다는 사실을 잊지 않았다. 단지 하나님이 어떤 분이신지를 잊었을 뿐이다.

철학은 우리에게 답을 주려고 시도해왔다. 하지만 하나님에 대한 철학의 개념들은 늘 모순되었다. 철학자는 누군가의 초상화를 그리려고 애쓰는 맹인 같다. 눈먼 사람은 상대방의 얼굴을 느낄 수 있고 그 느낌을 캔버스에 옮기려고 시도한다. 하지만 그런 시도는 시작도 하기 전에 실패로 끝난다. 철학이 할 수 있는 최선은 어떤 방법으로든 우주의 표면을 느끼고, 철학이 보는 대로 하나님을 묘사하려는 것이다.

대부분의 철학자는 우주의 어딘가에 있는 '존재'에 대한 믿음을 고백한다. 어떤 사람들은 그것을 법칙 또는 에너지, 마음, 본질적 가치라고 부른다. 토머스 에디슨(Thomas Edison)은 자기가 충분히 오래 산다면 하나님을 발견할 수 있을 만큼 민감한 도구를 발명할 수 있을 것으로 생각한다고 말했다. 에디슨은 정평 있는 발명가였다. 그는 지적 능력이 훌륭한 사람이었고, 철학자였을지도 모른다. 그러나 에디슨은 하나님에 대해, 하나님이 어떤 분이신지에 대해 조간신문을 배달하는 아이들만큼이나 알지 못했다.

종교에는 답이 없다

세상의 종교들은 언제나 하나님에 관한 답을 주려고 노력해왔다. 어떤 종교는 하나님이 빛이라고 선언한다. 그래서 그들은 태양과 불과 같은 것들을 숭배한다. 다른 종교는 하나님이 양심이나 혹은 덕 안에서 발견할 수 있다고 말한다. 어떤 종교는 하나님이 우주를 지탱하는 원칙이라는 믿음에서 위안을 얻는다.

하나님이 '온통 공의'라고 가르치는 종교들이 있다. 그들은 두려움 속에서 산다. 다른 이들은 하나님이 '온통 사랑'이라고 말한다. 그들은 오만해진다.

철학자들처럼, 종교인들도 개념과 관점과 사상과 이론들을 가지고 있다. 인류는 그중 어느 것 안에서도 만족을 찾지 못했다.

헬라의 이교도에는 여러 신들을 모시기 위한 판테온이 있었다. 그들은 태양이 동쪽에서 떠서 열과 빛을 발하여 서쪽으로 이동하는 것을 보고 그것을 '아폴론'이라고 불렀다. 해안을 따라 포효하는 바람 소리를 듣고, 그것을 바람과 별들의 어머니 '에오스'라고 불렀다.

바닷물이 소용돌이치다가 거품이 되는 것을 보고서 '포세이돈'이라 불렀으며, 여신이 해마다 풍성한 논밭 위에 맴도는 것을 상상하고 그녀의 이름을 '데메테르'라고 지었다.

그러한 이교도의 관점에서 볼 때, 신들과 여신들에 대한 상상은 끝이 없다. 로마서 1장에서 하나님은 그런 타락을 조장하는 인간의 상태를 묘사하셨다. 죄에 이끌린 인간들은 살아 계시고 말씀하시는 하나님의 계시를 원치 않았다. 그들은 유일하신 참 하나님을 고의로 무시했고 그들의 삶에서 하나님을 밀어냈다. 그들은 하나님 대신 그들 자신의 신들을 만들어냈다. 그것은 새와 동물, 파충류 같은 것들이었다.

종종 우리는 어느 국가나 문명의 도덕성이 그들의 신에 대한 개념에 영향을 받게 될 것이라는 경고를 듣는다. 그보다는 자주 듣지 않지만 또 다른 경고도 있다. 교회가 하나님에 대해 순수하게 생각하지 못 할 때 교회의 쇠퇴가 시작된다는 말이다.

우리는 하나님에 대해 품격 있게 사고해야 하고, 그분께 합당한 표현을 사용해야 한다. 우리 하나님은 통치자이시다. 우리는 은혜로 우리를 하나님의 사람으로 인정해주시는 하나님 앞에 숨을 죽이고 경배하며 무릎을 꿇는 것이 무엇인지 알았던 옛 선조들의 모범을 따라야 한다.

예수님은 하나님의 형상이시다

어떤 사람들은 여전히 "하나님은 어떤 분이십니까?"라고 묻는다. 하나님께서는 예수님을 통해 친히 우리에게 최종적이고 완전한 답을 주셨다.

"나를 본 자는 아버지를 보았거늘"(요 14:9)

예수 그리스도를 믿는 우리에게 오랜 탐구는 끝났다. 예수 그리스도, 영원하신 아들은 "하나님의 영광의 광채시요 그 본체의 형상"(히 1:3)으로, 우리 가운데 거하기 위해 오셨다. 우리에게 탐구가 끝났다고 말하는 이유는, 하나님이 우리에게 그 자신을 계시해주셨기 때문이다.

예수님이 곧 성부 하나님이시다. 누구든지 주 예수 그리스도를 바라보는 자들은 하나님을 바라보는 것이다. 예수님은 하나님의 생각을 품으시는 하나님이시다. 예수님은 하나님이 느끼시는 대로 느끼는 하나님이시다. 예수님은 지금 하나님이 행하시는 일을 하고 계신 하나님이시다.

요한복음에 보면 예수님이 당대의 사람들에게 자기 스스로는 아무것도 할 수 없다고 말씀하시는 부분이 있다. 그분은 "아들이 아버지께서 하시는 일을 보지 않고는 아무것도 스스로 할 수 없나니 아버지께서 행하시는 그것을 아들도 그와 같이 행하느니라"(요 5:19)라고 하셨다. 예수님의 그러한 증거로 인해 유대 지도자들은 신성모독이라며 예수님을 돌로 치려 했다.

현대의 일부 이단들이 예수 그리스도는 결코 자신이 하나님임을 주장하지 않았다고 말하는 것은 정말 이상한 일이다. 성경의 기록에 의하면 2천 년 전 예수님의 말씀을 들은 사람들은 예수님이 아버지와 하나라고 주장하셨기 때문에 그 자리에서 그분을 죽이려 했다.

하나님의 자기 계시는 아들이신 예수 그리스도 안에서 완성된다. 더 이상 우리는 "하나님은 어떤 분이신가?"라고 물을 필요가 없다. 예수님이 곧 하나님이시다. 그분은 하나님을 우리가 이해할 수 있는 언어로 번역해주셨다.

💬 깊이 생각하기

1. 예수님이 하나님의 영광을 나타내신다는 것은 무엇을 의미하는가?
2. 예수님이 하나님의 형상임을 알면 하나님을 바라보는 당신의 관점이 어떻게 달라지는가?
3. 당신은 하나님을 찾는 과정에서 하나님이 어떤 분이신지를 어떻게 잊어버렸는가?

* *Jesus, Our Man in Glory*
Christian Publications, 1987; WingSpread Publishers, 2009, 재출간.

충만한 데서 베푸시는
은혜의 통로

|

우리가 그의 영광을 보니 아버지의 독생자의 영광이요 요 1:14

사실 하나님은 어떠한 일도 예수 그리스도를 떠나서 행하지 않으셨다. 운행 중인 행성들, 호숫가에서 개굴개굴하며 우는 개구리들, 하늘의 천사들과 땅의 인간들 모두 우리가 '영원한 말씀'이라 부르는 통로에서 나왔다. 우리는 예수님을 주와 구세주로 소개하기 바쁘지만, 사실 우리는 다 그분의 충만한 데서 받았다.

얼마 전 나는 예수 그리스도에 관한 사설에서, '주 되심'(Lordship) 없는 '구세주 되심'(Saviorhood)은 있을 수 없다고 썼다. 이것은 내가 생각해낸 것이 아니었다. 왜냐하면 성경이 예수 그리스도가 주님이자 구세주이심을 명백히 가르치고 있다고 믿기 때문이다. 즉, 예수님은 구세주이기 전에 주님이시며, 그분이 주님이 아니라면 구세주도 아니시기 때문이다.

거듭 말한다. 이 말씀, 즉 우리 가운데 거하시려고 육신이 되신 이 영원한 말씀을 주와 구세주로 소개할 때 우리는 또한 그분의 다른 직무들도 나타내는 것이다. 그것은 창조자, 붙드시는 자, 그리고 은혜 베푸시는 자이다.

동일한 하나님

그분은 동일한 주 예수님이시며, 요한은 그분에 대해 충실히 기록한다.

"은혜와 진리는 예수 그리스도로 말미암아 온 것이라"(요 1:17).

율법이 모세에 의해 주어졌다는 데는 우리 모두 동의할 것이며, 이 시점에서 나는 구약과 신약성경의 다른 점을 이야기하는 것이 아니다. 성경의 한 부분을 다른 부분과 겨루게 하는 신학적 입장은 분명 거짓된 이론에서 나온 것이다.

구약성경은 율법의 책이고 신약성경은 은혜의 책이라는 사상은 완전히 잘못된 이론에 근거한 것이다. 분명 구약성경에도 신약성경만큼 은혜와 자비와 사랑에 관한 부분이 많이 있다. 구약성경보다 신약성경 안에 지옥에 대한 이야기, 죄인들에 대한 하나님의 타오르는 분노와 심판에 대한 이야기가 더 많이 나온다.

맹렬히 비난하고 채찍질하는 말을 듣기 원한다면, 예레미야와 구약 선지자들에게 돌아갈 것이 아니라 예수 그리스도의 말씀을 들으라!

오, 얼마나 자주 그것을 말할 필요가 있는가! 구약의 하나님이 곧 신약의 하나님이시다! 구약성경의 아버지는 신약성경의 아버지이시다. 더 나아가, 육신이 되어 우리 가운데 거하신 그리스도는 구약성경의 모든 페이지에 나타나신 그리스도이시다. 다윗이 큰 죄를 범했을 때 그를 용서해준 것이 율법이었는가? 아니다. 그것은 구약성경에 나타난 은혜였다. "무너졌도다 무너졌도다 큰 성 바벨론이여"(계 18:2)라고 말한 것은 은혜였는가? 아니다. 그것은 신약성경에 나타난 율법이었다.

확실히 많은 사람들이 생각하는 것처럼 구약성경과 신약성경 사이에는 그렇게 큰 차이나 대조되는 면들이 없다. 하나님은 성부와 성자를 서로 겨루게 하지 않으신다. 절대 구약성경과 신약성경이 서로 겨루게 하지 않으신다.

여기서 유일한 차이점은 모세가 할 수 있었던 모든 일과 예수 그리스도가 하실 수 있는 모든 일이다. 율법은 모세에 의해 주어졌다. 그것이 모세가 할 수 있는 전부였다. 모세는 하나님이 그분의 은혜를 나눠주시는 통로가 아니었다. 요한이 은혜와 진리가 예수 그리스도로 말미암아 왔다고 증거했듯이, 하나님은 그분의 은혜와 진리를 위한 통로로 독생자를 택하셨다.

모세가 할 수 있는 일은 의를 명령하는 것뿐이었다. 그와 달리, 오직 예수 그리스도만이 의를 만들어내실 수 있다. 모세가 할 수 있는 일은 그저 우리에게 죄를 짓지 말라고 명령하는 것이었다. 그와 달리, 예수 그리스도는 우리를 죄로부터 구원하기 위해 오셨다. 모세는 구원할 수 없었지만 예수 그리스도는 주와 구세주이시다.

마리아가 베들레헴 마구간에서 눈물을 흘리기 전에 예수 그리스도를 통해 은혜가 임하였다. 우리의 첫 조상들이 에덴동산에서 죄를 범했을 때 인류를 멸망에서 구원해준 것은 그리스도 안에 있는 하나님의 은혜였다. 홍수가 땅을 덮었을 때 여덟 명의 사람들을 구원한 것은 아직 태어나지 않으신 예수 그리스도 안에 있는 하나님의 은혜였다. 다윗이 죄를 범했을 때 그를 용서해주고, 아브라함이 거짓말을 했을 때 그를 용서해준 것은 아직 태어나지 않았으나 성육신 전 영광 가운데 존재하시던 예수 그리스도 안에 있는 하나님의 은혜였다. 하나님이 소돔을 멸하겠다고 하셨을 때 아브라함이 하나님께 기도할 수 있었던 것은 하나님의 은혜였다. 하나님은 거듭거듭 이스라엘을 용서해주셨다. 하나님이 "내가 아침 일찍 일어나 너에게 손을 내밀었다!"고 말씀하신 것은 성육신 이전에 그리스도 안에 있는 하나님의 은혜였다.

주의 영광을 바라보라

사도 요한은 영원하신 아들에 대해 기록하면서 우리 모두를 대변하며 우리가 그분의 영광을 보았음을 상기시킨다. 우리가 "이 영광은 무엇이었나? 그분이 하신 일들의 영광이었나?"라고 묻는 것은 합당한 일이다. 예수님은 단지 일하시는 분이 아니라, 기적을 행하는 분이셨다!

모든 자연이 예수님과 그분의 권위에 굴복해야 했다. 예수님은 물이 포도주로 변하게 하셨는데, 많은 사람들이 그분의 능력과 권위는 놓치고 포도 주스와 포도주의 차이에 대해 논쟁한다. 그것은 중요한 것이 아니다. 중요한 것은 예수님이 물을 포도주로 변하게 하셨다는 것이다. 그것은 기적이었다.

우리 주님이 병자들에게 오셨을 때 그들을 치료해주셨다. 귀신 들린 자에게 오셨을 땐 마귀에게 나가라고 명령하셨다. 우리 주님이 거센 바람과 큰 파도로 심하게 흔들리는 작은 배의 갑판 위에 서 계실 때 바다를 향해 말씀하시고 바람을 꾸짖으시자 매우 잠잠해졌다.

우리 주님이 행하신 모든 일은 그분의 영원한 영광을 나타내는 데 있어 큰 의미가 있었다.

주 예수님이 죽은 소년을 살리셔서 아들을 장사지내기 위해 무덤으로 향하던 과부 어머니에게 돌려주셨을 때 나타난 그분의 다정함과 연민을 생각해보라.

주님이 야이로의 어린 딸을 살리셔서 그녀가 다시금 아버지의 사랑과 보살핌을 받게 해주셨을 때 그분의 다정함에 깃든 영광을 생각해보라. 나는 예수님이 그녀를 죽음의 잠에서 다시 불러내신 후에 아마도 그 어린 소녀를 향해 미소를 지으시며 "일어나 앉아라, 딸아. 학교 갈 시간이야"라고 말씀하셨을 것으로 생각한다. 당신은 학교 갈 시간이 되면 자녀들을 불렀다. 예수님도 똑같이 애정 어린 언어를 사용하셨을 거라 확신한다.

우리 주님이 하신 일들은 언제나 극적인 일들이었다. 언제나 놀라운 일들이었다. 우리는 요한이 "우리가 그의 영광을 보니"라고 했을 때 이러한 것들을 염두에 두고 있었는지 궁금해한다. 그러나 나는 그렇게 생각하지 않는다. 나는 요한이 훨씬 더 큰 영광을 마음에 품고 있었다고 생각한다.

우리는 예수님이 세상에 계실 때 행하신 놀라운 치유와 자비의 사역들을 모두 알 수 없지만, 예수님이 보여주신 기적들과 놀라운 일들보다 훨씬 더 큰 그분의 영광을 바라보아야 한다.

예수님의 충만함에서

성경은 요한이 그의 복음서 첫 장에서 선포하는 것을 매우 명백하고 일관되게 가르친다.

"우리가 다 그의 충만한 데서 받으니 은혜 위에 은혜러라"(요 1:16).

우리는 주님의 충만한 데서 받았다. 그것은 절대 우리가 예수님의 충만함을 모두 받았다는 뜻이 될 수 없다. 예수 그리스도, 곧 영원한 하나님의 아들만이 하나님께서 피조물에게 그분의 은혜를 나눠주시는 유일한 매개자라는 뜻이다.

예수 그리스도는 영원한 하나님의 아들이시고, 영원한 세대에 속하시며, 그분의 본질과 영원함과 사랑과 능력과 은혜와 선하심, 즉 그분의 모든 신적인 속성들이 아버지와 동등하시기 때문에 그분은 하나님이 모든 복을 나눠주시는 통로이신 것이다.

시원한 물을 마시기 위해 조용히 호숫가로 내려가는 사슴에게 "너는 호수의 충만함을 받았니?"라고 물을 수 있다면 아마 이렇게 대답할 것이다.

"그렇기도 하고 아니기도 해. 나는 호수의 물을 배부르게 마시지만, 호수의 충만함을 다 받진 않았어. 난 호수의 물을 다 마시지 않았으니까. 단지 내가 호수에서 마실 수 있는 만큼 물을 마셨을 뿐이야."

따라서 하나님은 그분의 충만한 데서, 우리의 필요에 따라 은혜에 은혜를 베풀어주시며, 그것은 모두 우리 주 예수 그리스도를 통해서 온다. 그분이 말씀하실 때, 공급해주실 때, 붙드실 때, 능력의 말씀으로 만물을 지탱해주시고 만물이 그분 안에 있다고 할 수 있기 때문이다.

나는 어느 날, 하나님이 우리를 사랑하시면서 우리에게 절대 말씀하지 않으셨을 수도 있겠다고 생각했다. 하나님은 우리에게 자비를 베푸시면서 결코 그것을 드러내지 않으실 수도 있었을 것이다. 우리는 인간들 사이에서 깊은 감정을 느끼면서도 아무에게도 말을 하지 않는 것이 가능하다는 걸 안다. 좋은 의도를 갖고 있으면서 그것을 아무에게도 알리지 않을 수 있다.

성경은 "본래 하나님을 본 사람이 없으되 아버지 품 속에 있는 독생하신 하나님이 나타내셨느니라"(요 1:18)라고 말한다.

침묵이 결코 우리에게 말해주지 않았던 것을 영원하신 아들이 우리에게 말씀해주러 오셨다. 모세도 말하지 못한 것을 우리에게 말씀해주러 오셨다.

하나님이 우리를 항상 사랑하시고 우리를 보살펴주신다는 것을 우리에게 말씀해주고 보여주시기 위해 오셨다. 하나님이 은혜로운 계획을 가지고 계시며 그 계획을 실행하고 계시다는 것을 우리에게 말씀해주시기 위해 오셨다. 그 모든 것이 이루어지고 완성되기 전에, 모든 나라와 족속과 방언에서 구속받은 사람들이 셀 수 없을 만큼 많아질 것이다.

그것이 바로 예수님이 아버지 하나님에 대해 우리에게 말씀해주신 것이다. 예수님은 하나님을 나타내셨다. 하나님의 존재와 사랑과 자비와 은혜, 구속의 뜻과 구원의 계획을 계시해주셨다.

예수님은 그 모든 것을 선언하셨다. 은혜 위에 은혜를 우리에게 주셨다. 이제 우리는 돌이켜 믿고 받아들이고 따르기만 하면 된다. 말씀이 육신이 되어 우리 가운데 거하셨으므로 우리가 받아들인다면 모든 것이 우리의 것이다!

💬 깊이 생각하기

1. 우주의 창조자로서 그리스도의 주 되심이 당신의 삶에 어떤 의미가 있는가?

2. 예수님이 구약의 하나님과 동일한 하나님이심을 아는 것이 성부 하나님에 대한 당신의 인식을 어떻게 변화시키는가?

3. 구약성경과 신약성경이 서로 반대되는 부분이 없다면, 성부와 성자의 관계에 대해서는 뭐라고 말하는가?

4. 당신은 어떻게 예수님으로부터 은혜를 받았는가? 예수님은 지금 당신이 삶 속에서 어떤 식으로 그분의 은혜를 받기 원하시는가?

* *Christ the Eternal Son*
  Christian Publications, 1982; WingSpread Publishers, 2010, 재출간.

CHAPTER 04

우리에게 전하시는
하나님의 계시

이 모든 날 마지막에는 아들을 통하여
우리에게 말씀하셨으니 히 1:2

히브리서 기자는 "이 모든 날 마지막에" 하나님이 아들을 통해 말씀하셨다고 선포했다. 그러면서 수천 년 동안 하나님이 여러 방식으로 말씀해오셨다는 사실을 우리에게 상기시켰다. 실제로 4천여 년의 인간 역사를 통해 하나님은 인류에게 말씀해오셨다. 인간은 하나님으로부터 스스로 분리되어 에덴동산에서 하나님을 피해 숨은 이후로 계속 자신을 숨기고 있다.

서기 1세기의 대부분의 사람들에게도 하나님은 전통에 불과했다. 어떤 사람들은 인간이 만든 우상들을 섬겼다. 어떤 사람들은 예배에 대한 사상을 가지고 제단을 짓기도 했다. 어떤 이들은 주문을 외우며 기도를 했다. 하지만 그들은 참된 하나님으로부터 멀어져 있었다. 그들은 하나님의 형상대로 만들어졌으나 그들의 창조주를 거부했고 사망과 운명을 같이했다.

그 상황은 인간이나 자연, 또는 둘 다 실패하여 더는 존재하지 않을 때까지 계속되었을지도 모른다. 그러나 사랑과 지혜의 하나님이 다시 한번 찾아오셨다. 이번에는 그분의 영원한 아들을 통해 말씀하시고 그분 자신을 드러내기 위해 오셨다. 지금 우리가 구약성경의 계시를 볼 때 부분적이고 불완전한 것으로 보이는 이유는 예수님이 세상에 오셨기 때문이다. 구약성경이 마치 문과 창문이 없는 집과 같다고 말할 수 있을 것이다. 목수들이 문과 창문을 만들 때 비로소 그 집은 집으로서 가치 있고 만족스러운 거처가 될 것이다.

몇 년 전 우리 가족은 구세주이자 메시아이신 예수님을 믿게 된 유대인 의사와 교제를 나누었다. 그는 자신이 예전에 유대교 회당에서 안식일 예배를 드렸던 경험을 얘기해주었다. 종종 그는 구약의 구절들을 읽어달라는 요청을 받았다고 한다.

"저는 종종 구약성경을 읽던 그 시절을 다시 생각해봅니다"라고 그가 말했다. "그것이 좋고 참되다는 느낌을 늘 갖고 있었어요. 그것이 우리 민족의 역사를 설명해준다는 걸 알았죠. 하지만 뭔가 빠져있다는 느낌이 들었습니다"라면서 그는 아름답고 환한 미소를 지으며 이렇게 덧붙였다.

"제가 예수님을 저의 개인적인 구세주이자 메시아로 알게 되었을 때 사실상 구약성경이 가리키고 있는 분이 바로 그분임을 알게 됐습니다. 제가 유대인으로서, 한 사람으로서, 신자로서 온전케 되기 위한 해답이 바로 그분임을 알게 되었죠."

유대인이든 이방인이든, 우리는 본래 하나님의 형상으로 창조되었고, 성령에 의한 하나님의 계시는 필수적이다. 하나님의 말씀에 대한 이해는 바로 그 말씀의 영감을 주신 성령에게서 와야만 한다.

하나님의 과거의 메시지

히브리서는 초창기 유대 그리스도인들이 메시아이자 구세주이신 예수님에 대한 믿음을 확고히 하기 위해 쓰여졌다. 기자는 예수 그리스도가 탁월하시므로 더 좋은 분이라는 주제를 되풀이한다. 예수 그리스도는 하나님으로부터 온 궁극적인 말씀이시다!

이것은 오늘날 우리를 안심시키고 힘을 주는 메시지이다. 히브리서는 우리의 기독교 신앙이 유대교에서 비롯된 것은 확실하나 유대교에 의존하지 않았고 지금도 그렇지 않다는 것을 알게 해준다. 우리 주 예수 그리스도의 말씀은 그분이 세상에 계실 때 하신 말씀이지만 여전히 영적 권위를 가지고 우리에게 말하고 있다. 한때 주님은 제자들에게 새 포도주를 낡고 오래된 부대에 담지 말라고 하셨다. 그 비유는 명백했다. 낡은 종교적 형식과 관습들은 그분이 내놓는 새 포도주를 담을 수 없다는 뜻이었다.

예수님은 살아 있는 기독교 신앙과 오래된 유대교의 형식들 사이에 넘을 수 없는 장벽이 있다고 말씀하고 계셨다. 구약의 유대교는 실제로 기독교의 모태가 되었다. 그러나 어린아이가 점차 성숙하여 독립하듯이, 기독교 신앙과 기독교의 복음은 유대교에서 독립했다. 유대교는 사라진다 할지라도, 하나님의 계시로서 기독교는 견고한 기초 위에 굳게 설 것이며, 지금 서 있다. 그것은 유대교가 의지했던 살아 계시고 말씀하시는 하나님께 기초하고 있다.

우리는 본질상 한 분이신 하나님이 그분의 말씀을 듣는 모든 사람에게 언제나 동일한 말씀을 하실 수 있다는 것을 이해하는 것이 중요하다. 하나님은 은혜, 사랑, 공의나 거룩에 대해 두 가지 메시지를 갖고 계시지 않는다. 성부에게서 나오든 성자에게서 나오든 성령에게서 나오든 계시는 언제나 동일할 것이다. 설령 다른 방식과 수단과 사람들을 사용하더라도 계시는 항상 같은 방향을 가리킨다.

창세기에서 시작해 구약과 신약을 계속 읽다 보면 그 통일성을 발견하게 될 것이다. 그러나 인류를 향한 하나님의 계시 안에는 점점 더 확대되는 요소들이 있다. 창세기에서 하나님은 곧 오실 메시아에 대해 말씀하셨고, 뱀과 여자의 후손 간에 있을 전쟁을 예언하셨다. 그분은 장차 오실 승리의 구속자를 주목하셨다.

하나님은 하와에게 매우 분명한 말로, 미래에 인간이 겪을 출산의 고통과 가정에서 여성의 위상에 대해 말씀하셨다. 아담에게는 죄의 결과로서 땅의 저주와 피할 수 없는 죽음에 대해 말씀하셨다. 아벨과 가인에게는 희생제사를 보여주셨고 그것을 통해 죄 사함과 용납의 계획을 보여주셨다.

노아를 향한 하나님의 메시지는 은혜와 자연 질서와 통치에 관한 것이었다. 아브라함에게 하나님은 앞으로 얻을 후손, 인류를 대속할 구속자에 대한 약속을 주셨다. 모세에게는 율법을 주셨고 곧 오실 선지자에 대해 말씀하셨다. 그는 모세와 비슷하나 모세보다 더 뛰어난 자라고 하셨다. 그러한 것들이 바로 하나님께서 과거에 말씀하신 메시지들이다.

우리를 향한 하나님의 메시지

자, 그럼 하나님은 지금 이 시대에 인간에게 뭐라고 말씀하고 계시는가? 짧게 말하면, 하나님은 "예수 그리스도는 나의 사랑하는 아들이다. 그의 말을 들으라!"라고 말씀하고 계신다.

많은 사람들이 예수님을 통해 우리 세대에 주시는 하나님의 말씀 듣기를 원치 않는 이유는 어렵지 않게 추측해볼 수 있다. 예수님 안에 있는 하나님의 메시지는 도덕적 선언이다. 그것은 믿음과 양심과 행위와 순종, 충성 같은 요소들을 일깨워 준다. 사람들은 성경을 거부한 것과 같은 이유로 이 메시지를 거절한다. 그들은 하나님의 말씀의 권위 아래 있기를 원치 않는다.

여러 세기 동안 하나님은 여러 가지 방법으로 말씀하셨다. 거룩한 사람들에게 영적 감동을 주서서 그분의 메시지의 각 부분들을 책에 담도록 하셨다. 하지만 사람들은 그책을 좋아하지 않고, 어떻게든 피하려고 한다. 하나님이 그책을 모든 도덕에 대한 최종 척도이자 모든 기독교 윤리에 대한 최종 잣대로 만드셨기 때문이다.

어떤 사람들은 신약성경의 기록에 이의를 제기한다. "당신은 예수님이 실제로 그 말씀을 하셨다는 걸 어떻게 증명할 수 있습니까?"라고 도전한다. 아마도 그들이 이의를 제기하는 이유는 요한복음에서 잊을 수 없는 예수님의 말씀을 발견했기 때문일 것이다.

"사람이 내 말을 듣고 지키지 아니할지라도 내가 그를 심판하지 아니하노라 내가 온 것은 세상을 심판하려 함이 아니요 세상을 구원하려 함이로라 나를 저버리고 내 말을 받지 아니하는 자를 심판할 이가 있으니 곧 내가 한 그 말이 마지막 날에 그를 심판하리라"(요 12:47,48)

하나님은 살아 계신 분이시며 예수 그리스도는 모든 능력과 권위를 가지고 우주 만물을 제어하시고 이끄시며 지탱해주신다.

이것이 기독교의 핵심 교리이다. 우리 하나님이 실로 천상의 왕이심을 우리가 실제로 온전히 이해하는 것이 반드시 필요하다.

우리는 성령의 감동으로 기록된 성경 전체의 맥락에서 히브리서를 읽을 때 이 확신을 얻을 수 있다. 또한 우리가 이것을 확신할 때 힘겨운 세상과 이기적인 사회 속에서 온전한 정신을 유지하는 근본적인 방법을 발견할 것이다.

우리가 우리의 마음을 정말 평온하게 유지한다면 실제로 하나님을 그분의 세상 속에서 생각하게 될 것이다. 즉 많은 사람들이 하는 것처럼 하나님을 그분의 세상에서 쫓아내려고 하지 않을 것이다. 우리는 믿음으로 하나님이 실제 그분의 세상 속에 계신 모습 그대로 우리의 존재 안에 계시게 할 것이다.

하나님이 존재하시며 그분이 하늘나라를 통치하고 계신다는 사상은 인간 도덕성의 절대적인 근간이 된다. 인간의 품위에 대한 우리의 관점 또한 이것과 관련이 있다. 품위는 적절한, 또는 어울리는 자질이다. 인간의 품위는 하나님에 대한 적절하고 건전한 개념을 가지고 있는지에 달려 있다.

하나님이 존재하지 않는다는 태도를 취하는 사람들은 인간 본성에 대해 올바르고 적절한 견해를 가질 수 없다. 이것은 하나님의 계시 안에 명백히 나타난다. 우리가 하나님으로부터 왔고 다시 하나님께로 돌아갈 것이라는 사실을 받아들이기 전까지는 그 누구도 인간 본성에 관한 올바른 관점을 가질 수 없다.

구원에 관한 한 2차 소견은 없다

예수 그리스도를 구주와 주로 삶에 영접한 우리는 참으로 행복하다. 건강 관리에 관하여, 우리는 '2차 소견'을 듣는 데 익숙하다. 내가 어떤 의사를 찾아갔는데 그가 나에게 수술을 하라고 조언한다면, 나는 그 병원을 나와 다른 전문의에게 가서 또 다른 견해를 구할 수 있다. 예수 그리스도를 영접하는 결정에 관해서도 우리는 분명 경솔하게 나와 다른 사람의 의견을 들으려 했을 것이다! 하지만 예수 그리스도는 우리를 향한 하나님의 마지막 말씀이다. 다른 말씀은 없다. 하나님은 우리의 모든 도움과 죄 사함과 복을 하나님의 아들 예수 그리스도의 인격에 맡기셨다.

우리가 어둠 가운데 있을 때, 하나님은 우리에게 예수님을 세상의 빛으로 주셨다. 그분을 거부하는 자들은 영원히 지속될 바깥 어둠에 자신을 내던지는 것이다.

우리는 훌륭한 의사이신 예수 그리스도께서 우리 자신과 우리 죄에 대해 하시는 말씀이 마음에 들지 않을지도 모른다. 하지만 우리가 달리 어디로 갈 수 있겠는가? 베드로는 그 질문에 이렇게 답했다.

"주여 영생의 말씀이 주께 있사오니 우리가 누구에게로 가오리이까 우리가 주는 하나님의 거룩하신 자이신 줄 믿고 알았사옵나이다"(요 6:68-69).

이는 하나님이 보내주신 구세주이시다. 그분은 영원한 아들이시며, 하나님 아버지와 동등하시며, 아버지와 함께 영원히 계시며 아버지와 한 본체이시다.

그분이 말씀하고 계신다. 그러므로 우리는 들어야 한다!

💬 깊이 생각하기

1. 거룩한 계시는 그것이 성부로부터 오든 성자로부터 오든 혹은 성령에게서 오든 어떻게 항상 동일한가?
2. 예수님 안에 있는 하나님의 메시지의 본질은 무엇인가?
3. 당신은 어떤 식으로 예수님이나 그분의 메시지에 대해 '다른 사람의 의견'을 들으려 했는가?

* *Jesus, Our Man in Glory*
  Christian Publications, 1987; WingSpread Publishers, 2009, 재출간.

CHAPTER 05

말씀이
육신이 되셨다

말씀이 육신이 되어 우리 가운데 거하시매 요 1:11:14

우리는 말씀이 육신이 되었다는 이야기를 듣는다. 나는 이 단순한 진술 안에 인간 사상의 가장 깊은 신비 중 하나가 담겨 있음을 지적하려 한다.

사려 깊은 사람들은 속히 이렇게 묻는다.

"어떻게 신은 하나님과 하나님 아닌 것을 구별하는 그 깊고 넓은 골을 건널 수 있었을까?"

아마도 당신은 나처럼, 우주에는 실제로 오직 두 가지 존재가 있다는 사실을 인정할 것이다. 즉, 하나님과 하나님이 아닌 것이다.

아무도 하나님을 만들 수 없었으나, 창조주 하나님은 우주 안에 하나님이 아닌 모든 것들을 만드셨다. 따라서 창조주와 피조물을 구분하는 골짜기, 우리가 하나님이라 칭하는 존재와 다른 모든 존재 사이의 골짜기는 크고 광대하며 깊은 골이다.

간극 메우기

하나님이 어떻게 이 큰 간극을 메우셨는지가 바로 인간의 생각이 향할 수 있는 가장 깊고 어두운 신비 중 하나이다.

하나님은 어떻게 창조주와 피조물을 결합하실 수 있었을까?

깊이 생각하지 않는다면 그것이 그렇게 놀랍게 보이지 않을 것이다. 하지만 자주 깊이 생각했다면 하나님과 하나님 아닌 것 사이의 그 큰 간극이 메워졌다는 사실이 너무나 놀라울 것이다.

천사장들과 스랍, 불타는 돌들을 막아낸 그룹은 하나님이 아니었다는 사실을 기억하자. 우리는 성경을 읽으며 인간이 유일한 존재가 아니라는 사실을 발견한다. 그러나 악한 교만에 빠진 인간은 자신이 유일한 존재의 질서라고 믿는 쪽을 선택한다.

일부 기독교인들과 보통 사람들은 어리석게도 천사 같은 존재들의 실체를 믿으려 하지 않는다. 많은 사람들과 이야기를 나누어본 결과, 그들은 천사들을 날개 달린 산타클로스 정도로 생각한다는 느낌이 들었다!

많은 사람들은 스랍과 그룹, 순찰자 또는 거룩한 자의 존재,

또는 신비스럽고 밝은 빛을 발하며 성경 본문 곳곳에 등장하는 하늘의 통치자들과 권세들의 존재를 믿지 않는다고 말한다. 일반적으로 우리는 어쨌든 그 존재들을 마땅히 믿어야 할 만큼 믿지 않는다.

형제들이여, 우리가 그러한 것들을 믿지 않을지라도 그것들은 존재한다!

인류는 단지 하나님의 존재들 또는 피조물들의 한 종류에 불과하다. 따라서 우리는 이런 의문을 갖는다.

"어떻게 무한하신 분이 유한한 존재가 되실 수 있었는가? 어떻게 한계가 없으신 분이 스스로 자신에게 한계를 부과하실 수 있었는가? 왜 하나님은 그분의 계시 안에서 다른 것보다 한 종류의 존재들에게 더 호의를 베푸셔야만 했는가?"

히브리서에서 우리는 놀랍게도 하나님이 천사들의 본성을 취하지 않으시고 아브라함의 후손이 되기로 하셨다는 걸 알게 된다.

아브라함은 분명 천사와 동등하지 않았다. 우리는 하나님이 내려오실 때 가능한 한 조금만 내려오실 것이라고 생각할 것이다. 하나님이 천사들이나 스랍들이 있는 곳에서 멈추실 것이라고 생각할 것이다. 그러나 그렇지 않고 하나님은 가장 낮은 곳까지 내려오셔서 아브라함의 본성을 취하사 아브라함의 후손이 되셨다.

사도 바울은 이 시점에서 놀라움에 두 손을 든다. 자신이 역대 최고의 지성인 중 한 사람이라고 선언한 바울이 두 손을 들고 "크도다 경건의 비밀이여"(딤전 3:16)라고 선언한다. 이는 육신으로 나타난 하나님의 신비를 말하는 것이다.

아마도 이것이 우리 모두가 그 주제에 접근하는 가장 적절한 방법일 것이다. 바로 두 손을 들고 "오, 주여, 오직 주님만이 아십니다!"라고 말하는 것이다. 하늘과 땅에는 우리의 신학으로 알려진 것들보다 훨씬 더 많은 것들이 있다. 따라서 그것은 가장 깊은 의미에서 모두 수수께끼이다.

나는 존 웨슬리(John Wesley)가 인간들과 함께 성막에 들어가기 위해 몸을 구부리신 하나님의 영원하고 신비로운 행위에 관하여 한 말의 요지를 인용하고 싶다. 웨슬리는 우리가 행동과 그 행동을 수행하는 방법을 구별해야 한다고 했고, 어떻게 그렇게 되었는지 모른다고 해서 사실을 거부하지 말라고 조언했다. 나는 그것이 매우 현명하다고 생각한다!

나는 또한 우리가 머리를 숙이고 하나님을 찬송하며 경건하게 하나님의 임재 안으로 들어가 "오, 하나님, 주께서 그 모든 일을 어떻게 이루셨는지 우리가 알거나 이해하지 못할지라도 그것은 사실입니다"라고 말하며 우리를 위한 그분의 사랑의 행위들을 인정하는 것이 우리에게 매우 적절한 일이라고 생각한다.

우리는 어떤 방식으로 그 일이 이루어졌는지 모른다고 해서 그 사실을 거부하지 않을 것이다.

타협은 없다

그렇다면 우리는 이 위대한 신비를 얼마나 알 수 있을까?

적어도 이것은 확실히 알 수 있다. 성육신은 절대로 신성을 타협하지 말 것을 요구했다는 사실이다. 하나님이 육신이 되셨을 때 하나님 편에선 어떠한 타협도 없었다는 것을 항상 명심하자.

과거에 여러 나라의 신화 속에 등장한 신들은 타협에 익숙했다. 로마의 신들, 고대 그리스와 스칸디나비아 전설 속에 나오는 신들은 쉽게 타협할 수 있는 신들이었고, 구전되는 이야기들 속에서 종종 그렇게 했다.

그러나 거룩하신 하나님, 하나님이 아닌 다른 모든 존재들과 구별되시는, 하늘에 계신 우리 아버지 하나님은 절대로 타협하실 수 없었다. 성육신, 곧 말씀이 육신이 된 것은 거룩한 신성의 타협 없이 이루어졌다.

살아 계신 하나님은 이렇게 자신을 낮추심으로써 자신의 품위를 떨어뜨리지 않으셨다. 어떤 의미에서도 자신을 하나님보다 못한 존재로 만들지 않으셨다.

하나님은 언제나 하나님이셨고 다른 모든 것들은 여전히 하나님이 아니었다. 예수 그리스도가 인간이 되어 우리 가운데 거하신 후로도 그 간극은 여전히 존재했다. 하나님은 인간이 되셨을 때 자신을 낮추는 대신, 성육신의 행위로 인류를 그분 자신에게로 끌어올리셨다.

초대교회 교부들이 교리의 이 점에 주의했다는 사실은 아타나시우스 신경에 명백히 나타난다. 이 신경에 따르면, 하나님께서 성육신하실 때 신성을 인간의 수준으로 끌어내리지 않고 오히려 자신의 인성을 하나님의 수준으로 끌어올림으로써 인간이 되셨다고 한다.

따라서 우리는 하나님을 격하시키는 것이 아니라 인간을 격상시킨다. 또한 그것이 구속의 경이로움이다!

그다음에 우리가 하나님의 행위에 대해 확실히 알 수 있는 또 한 가지가 있다. 그것은 하나님이 결코 합의를 저버리실 수 없다는 것이다. 이 인간과 하나님의 결합은 영원히 지속된다!

지금까지 우리가 생각해온 바에 의하면, 하나님은 인간이 되시는 일을 중단하실 수 없다. 삼위일체의 제이위께서 육신이 되신 것을 취소하거나 부인할 수 없기 때문이다. 성육신은 영원히 사실로 남아 있다. "말씀이 육신이 되어 우리 가운데 거하시매"(요 1:14)라고 했기 때문이다.

우리는 여기서 인간 역사의 초기로 돌아가 생각해보아야 한다. 하나님이 아담을 창조하신 후 창조주가 인간들과 친하게 교감하셨다는 것을 알기 때문이다.

나는 《지구의 초기 시대》(Earth's Earliest Ages)라는 책을 대

충 훑어보았다. 사실상 그 책을 읽었다고 말하진 않겠다. 저자가 홍수 이전 시기에 대해 모세보다 더 많이 알고 있다고 믿는 것 같다는 결론을 빠르게 내렸기 때문이다. 모세가 전문인 주제에 대해 모세보다 더 많이 알고 있다고 주장하는 사람을 발견하면 나는 그의 책을 멀리한다.

솔직히 나는 오랜 과거에 대해 상상하고 나의 생각 속에 머무르는 것을 좋아한다. 나는 선선한 날 하나님이 동산을 거니시며 큰소리로 아담을 부르셨다는 창세기의 본문에 늘 매료되었다. 그러나 아담은 거기에 없었다.

나는 하나님이 아담과 이런 식으로 만나신 것이 그 당시의 흔한 관습이었다고 추정하는 것이 임의적인 해석이라고 생각하지 않는다. 성경은 하나님이 희미해지는 빛 가운데 새소리를 들으며 아담과 함께 거닐기 위해 오신 것이 이때가 처음이었다고 말하지 않는다. 하나님과 인간은 함께 거닐었고, 창조주께서 자신의 형상대로 인간을 만드셨기 때문에 하나님과 인간의 소통에는 방해물이 없었다.

그러나 지금은 아담이 숨어 있다 교만과 불순종, 의심과 시험의 실패, 즉 죄가 창조주와 피조물 간의 교감과 교제를 끊어버린 것이다. 거룩하신 하나님은 타락한 인간을 저버리셔야만 했고, 그를 동산에서 내보내시고 다시 돌아오지 못하게 화염검을 두셔야만 했다.

사라진 임재

아담은 창조주 하나님의 임재를 상실하였고, 그 이후 시대에 대한 성경의 기록을 보면 하나님은 다시는 그와 같은 방식으로 인간들과 함께 거하지 않으셨다.

이스라엘 백성들에게, 하나님은 불과 구름 속에서 은밀하게 쉐키나(Shekinah)로 거하셨으며, 가끔 신학자들이 말하는 '하나님의 현현'(theophany)으로 나타나셨다. 하나님은 장막 문 앞에서 아브라함에게 말씀하신 것이나 타작마당에서 기드온에게 말씀하신 것처럼 인간들과 짧게 이야기를 나누셨을 수도 있다. 그러나 하나님은 오래 머물러 계시지 않았다. 하나님의 나타나심은 언제나 조심스럽고 분명히 드러나지 않았다.

하나님이 모세에게 자신을 나타내셨을 때도 불타는 덤불 속이거나 모세가 바위틈에 숨어 있을 때였다. 타락하고 죄악 된 인간들의 눈은 더 이상 하나님의 빛나는 위엄과 영광을 견딜 수 없었다.

그런데 때가 이르러, 주께서 다시 인간들에게 오셨다. "말씀이 육신이 되어 우리 가운데 거하셨기" 때문이다.

그들은 주의 이름을 '임마누엘'이라 불렀다. 이는 '하나님이 우리와 함께 계시다'라는 뜻이다. 예수 그리스도가 처음 오심으로, 하나님은 다시 인간들과 친히 함께 거하게 되셨다.

나는 전치사를 강조하는 설교자가 아니지만, 이 시점에서 세 개의 전치사가 예수님의 오심, 즉 하나님이 인간으로 나타나신 것과 관련이 있다는 사실을 주목해야 할 것 같다.

주님은 인간들과 함께 거하기(dwell with men) 위해 오셨다. 인간들에게 연합하기(united to men) 위해 오셨다. 궁극적으로 영원히 인간들 안에 거하기(dwell in men) 위해 오셨다. 따라서 인간들과 함께, 인간들에게, 인간들 안에 거하기 위해 오신 것이다.

예수님이 하나님을 드러내셨다

나는 번역가들이 "본래 하나님을 본 사람이 없으되 아버지 품 속에 있는 독생하신 하나님이 나타내셨느니라"(요 1:18) 같은 구절들을 만날 때 느낄 좌절감을 생각하면 항상 웃음이 나온다. 하나님의 말씀은 번역가들이 감당하기에 너무 버겁다. 그들은 헬라어성경에서 "아들이 그를 나타내셨다"라는 구절을 접한다. 킹제임스 영어성경에서는 그냥 '나타내셨다'라고 했다. 다른 버전에서는 언급을 회피하고, 돌려 말하고, 관통해 지나가기도 한다. 그들은 두세 단어를 사용한 다음 다시 한 단어로 돌아온다. 성령이 하신 말씀을 전하기 위해 최선을 다하지만 포기할 수밖에 없다. 영어는 그 모든 걸 표현하지 못할 것이다.

단어와 동의어들을 다 동원해도 여전히 하나님이 이 말씀을 하실 때 드러내신 모든 것을 다 표현하지 못했다. 본래 하나님을 본 사람이 없으되 예수 그리스도가 오셨을 때 우리에게 하나님이 어떤 분이신지를 보여주셨다 (요 1:18을 의역함).

나는 단순하고 일상적인 언어가 다른 무엇보다 훌륭하다고 생각한다. 예수님이 그분을 드러내셨다. 즉, 하나님이 어떤 분이신지를 우리에게 보여주셨다.

예수님이 그분을 공표하셨다. 그분을 나타내셨다. 그분을 드러내셨다. 이런 식으로 번역가들은 말을 바꾸어가며 이 경이로운 의미를 나타내려 애를 쓴다.

그러나 갈릴리에서 걷고 있던 사람은 하나님처럼 행동하는 하나님이셨다. 그분은 하나님이셨고, 의도적으로 유한한 존재가 되셔서 하나님과 하나님이 아닌 것, 즉 하나님과 피조물 사이의 넓고 신비로운 골짜기를 건너셨다. 본래 하나님을 본 사람은 없다.

"아버지 품 속에 있는 독생하신 하나님이…"(요 1:18).

여기서 시제가 과거가 아니라는 것에 주목하는가? 또한 그 아들이 아버지의 품 속에 있게 될 것이라고 말하지도 않는다. 그는 아버지의 품 속에 있다. 그것은 현재, 지속적인 시제로 표현된다. 아마 문법학자들은 그것을 진행시제라고 칭할 것이다. 그것은 지속을 나타내는 언어이다.

그러므로 예수님은 십자가에 달리셨을 때 아버지의 품을 떠나지 않으셨다.

이제 당신은 이렇게 묻는다.

"목사님, 그것이 사실이라면 왜 우리 주 예수님께서 '나의 하나님, 나의 하나님 어찌하여 나를 버리셨나이까'(막 15:34)라고 부르짖으신 겁니까?"

두려워서 그러셨을까? 잘못 알고 있어서 그러신 걸까?

절대, 절대 아니다!

예수님을 사랑하고 섬기는 우리에게 그 답은 매우 명백해야 한다.

그리스도 예수님은 인간을 위한 불경하고 더러운 십자가에 달려 돌아가셨을 때도 결코 하나님에게서 분리되지 않으셨다. 옛 신학자들이 지적했듯이, 당신은 본질을 나눌 수 없다. 네로 황제의 모든 칼들도 성부와 성자를 분리하기 위해 하나님의 본질을 잘라낼 수 없었다.

"어찌하여 나를 버리셨나이까?"라고 울부짖은 것은 마리아의 아들이었다.

하나님이 예수님에게 주신 것은 인간의 몸이었다.

울부짖은 것은 제물, 곧 죽임당할 어린양이었다.

그것은 인간 예수였다. 울부짖은 것은 인간의 아들이었다.

예나 지금이나 신은 결코 분리되지 않았음을 믿으라. 예수님이 "내 영혼을 아버지 손에 부탁하나이다"(눅 23:46)라고 부르짖으셨을 때 그분은 여전히 아버지의 품 안에 있었다.

따라서 십자가는 하나님을 분리하지 않았다. 그 무엇도 그렇게 할 수 없다. 영원하고, 분리될 수 없는 하나의 완전한 존재가 있고, 세 인격은 혼란에 빠지지 않는다.

오, 그리스도의 교회에 대한 옛 신학의 경이로움이여! 경박하고 피상적인 이 시대에 우리는 그것에 대해 얼마나 모르고 있는가! 우리는 그것에 대해 얼마나 알아야 하는가!

"본래 하나님을 본 사람이 없으되 아버지 품 속에 있는 독생하신 하나님이 나타내셨느니라"(요 1:18).

💬 깊이 생각하기

1. 성자 하나님의 성육신은 로마, 그리스, 스칸디나비아의 신들에 대한 전설들과 어떻게 다른가?
2. 하나님이 인간이 되셨을 때 인류에게 무슨 일이 일어났는가?
3. 성자 하나님이 인간이 되셔서 십자가에서 고통을 당하셨을 때 하나님은 분리되셨는가? 그 이유는 무엇인가?

* *Christ the Eternal Son*
  Christian Publications, 1982; WingSpread Publishers, 2010, 재출간.

CHAPTER 06

만물의 중심이신
그리스도

그리스도는 만유시요 만유 안에 계시니라 골 3:11

그리스도는 만물의 중심이다. 말하자면 그분은 모든 것을 회전
시키는 바퀴의 중심이시다. 몇 세기 전에 어떤 사람은 그리스도
가 바퀴의 중심과 같고 창조된 모든 것은 그 바퀴의 둘레에 있다
고 말했다. 옛 교부 중 한 사람은 "존재하는 모든 것은 예수님으
로부터 똑같이 떨어져 있고 똑같이 가까이 있다"고 말했다.

각각의 바퀴에는 중심부가 있고 테두리로 향하는 바큇살이
있다. 그리고 온전한 모양의 바퀴는 중심부에서 테두리까지의
거리가 모든 지점에서 동일하다.

우리에게 예수 그리스도는 그 중심이며, 다른 모든 것은 테두

리에 있다. 예수 그리스도가 중심에 계실 때 우리는 모두 그분으로부터 동일하게 가까이 있거나 멀리 있다.

예수님이 가운데 계신다. 또한 그것이 사실이기 때문에 삶의 어느 곳에서나 그분께 다가갈 수 있다. 이것은 좋은 소식이다. 놀랍고, 좋은 소식이다!

이 진리로 인해 우리는 예수 그리스도가 지리의 중심에 계시다고 주장할 수 있다. 따라서 그 누구도 위치 때문에 그리스도와의 관계에서 유리하다고 주장할 수 없다.

지리의 중심

마침 나는 《라틴 기독교의 역사》(History of Latin Christianity)라는 책과 십자군들의 이야기를 다시 읽었다. 역사적인 십자군 시대에 많은 사람들은 예수님이 태어나신 곳, 특히 예수님이 장사된 무덤으로 성지 순례를 가면 복을 받을 수 있다고 믿었다.

은둔자 피터(Peter the Hermit)가 십자군 원정을 시작하기 위해 늙은 몸에 맨발로 유럽 전역을 뜨겁게 달구며 휩쓸고 다닐 때 천년도 더 지난 과거에 예수 그리스도가 걸어 나오신 무덤을 자유롭게 하겠다는 목표를 세웠다. 십자군들은 그 빈 무덤을 무슬림들에게서 가져올 수 있다면 모든 것이 다 잘될 것으로 생각했다. 오늘날에도 여전히 예수님이 계시던 곳에 대해 관심이 많다. 하지만 나는 왜 우리가 영적으로 둔감한 상태를 고집하는지 모르겠다.

우리는 다음과 같은 예수님의 말씀을 듣지 않았다.

"이 산에서도 말고 예루살렘에서도 말고 너희가 아버지께 예배할 때가 이르리라. 아버지께서는 영과 진리로 예배하는 자들을 찾으시느니라"(요 4:21-24 참조).

그것은 어떤 산이나 도시에서의 예배가 아니다!

우리는 왜 십자군들이 그것을 고려하지 않았는지 궁금하다. 그 모든 피 흘린 상처들, 굶주림, 고통, 죽음은 무엇 때문인가? 왜 그렇게 예수님이 태어나신 곳, 돌아가신 곳, 또는 묻히신 곳에 가기 위해 길고 힘든 여정을 떠나는가? 세상에 지리적 이점이 있는 곳은 어디에도 없다. 우리 중 누구도 단지 예루살렘에 산다고 해서 더 나은 그리스도인이 되지는 않을 것이다. 당신이 실제로 예루살렘에서 더 멀리 떨어진 세상 어딘가에 살더라도 아무런 불리한 점이 없을 것이다. 예수 그리스도는 바로 지리의 중심에 계신다. 어디에 있든 다른 곳과 똑같이 예수님께 가까이 있다! 또한 예수님으로부터 똑같이 떨어져 있다! 그러므로 지리는 우리와 예수님의 관계에서 아무 의미가 없다!

예루살렘을 방문할 수만 있다면 설교를 더 잘할 수 있을 것으로 생각한 설교자들은 많은 돈을 들여 그곳에 갔다. 직접 가서 예루살렘을 보고 돌아오면 할 이야기들이 좀 더 많아진다. 그런데 사실상 그들은 더 나아진 것이 없고 그들의 설교를 듣는 청중들도 더 나아질 것이 없다. 이것을 믿자. 예수님이 중심이시고 지리는 그분을 둘러싸고 있는 것이다!

시간의 중심

이제 우리는 예수 그리스도가 시간의 중심이시라는 결론에 도달해야 한다. 많은 사람들이 그리스도가 세상에 계시던 때가 그립다는 이야기를 하면서 우울해한다. 오래전 예수님의 삶과 사역들을 떠올리며 공부하는 것은 좋은 일이다. 우리는 이런 노래를 부른다.

달콤한 옛날 이야기를 읽을 때 나는 생각하네
예수님이 이곳에 사람들과 함께 계시던 때
어떻게 어린 자녀들을 양들처럼 그분의 우리로 부르셨는지
그때 나도 주님과 함께 있었더라면!

사람들은 그 노래를 부르며 많은 눈물을 훔쳤다. 그러나 예수님이 사람들 가운데서 행하실 때 예수님과 함께 있던 사람들은 예수님이 떠나시고 열흘이 지났을 때만큼 행복하지는 않았다는 것을 알았는가?
예수님이 떠나신 지 열흘 뒤에 성령이 임하셨고, 부분적으로만

이해했던 제자들은 갑자기 밝은 빛이 비친 것처럼 하나님의 계획을 알게 되었다.

그럼에도 우리는 "그리스도가 계시던 때에 살았더라면 얼마나 좋았을까"라고 말한다. 왜 그런가? 그리스도가 계시던 때에는 위선자들과 바리새인들, 반대자들, 살인자들, 불신자들이 있었다! 당신은 2천 년 전에 더 나은 모습을 발견하지 못했을 것이다.

자신이 좋았다고 생각하는 옛 시절을 돌아보며 향수를 느끼는 사람들은 거기서 벗어나야 한다!

인류의 중심

또한 예수님이 인류의 중심에 계시다는 사실을 생각하라. 예수님에게는 특별히 총애하시는 민족이 없다. 우리는 예수 그리스도가 인간의 아들(Son of Man)이심을 믿는 경지에 이르는 것이 좋을 것이다. 그분은 1세기의 아들도, 20세기의 아들도 아니다. 그분은 인간의 아들이시다. 유대 민족만의 아들이 아니시다. 그분은 피부색이나 언어와 상관없이 모든 민족의 아들이시다.

예수 그리스도는 인간의 육신으로 오셨을 때 단지 유대인의 몸을 입으신 것이 아니라 온 인류의 몸을 입으셨다.

티벳이나 아프가니스탄, 남아메리카의 인디언들, 아라비아의 회교도들, 런던의 영국인들, 또는 글래스고의 스코틀랜드인들에게 가서 예수님을 전하라. 만일 믿음이 있고 따르고자 하는 의지가 있다면, 예수님이 그들 모두를 인도하여 교제를 나누실 것이다. 그들은 모두 같은 테두리 안에 있다. 모두 똑같이 예수님으로부터 가까이 있고, 멀리 있다. 그것이 우리가 가진 선교 철학의 이유이다.

우리는 먼저 사람들을 교육하고 그다음에 그들에게 그리스도를 전하기 위해 어떤 나라에 들어가지 않는다. 우리는 그만큼 어리석지 않다! 예수 그리스도가 뉴욕이나 런던에 사는 세련된 신사에게 그렇듯이 못 배우고 교양 없는 원주민에게도 가까이 계신다는 걸 우리는 안다.

그리스도는 모든 문화 수준의 중심에 계신다. 세상에서 가장 원시적이고, 가장 도외시되고, 가장 무지한 사람들에게 그리스도를 전하고 하나님의 사랑을 보여주라. 인내하며 그들을 이해시키라. 그들의 마음이 깨어날 것이며, 성령이 그들의 마음에 빛을 비춰주실 것이다. 예수님을 믿는 자들은 변화될 것이다. 이것은 오늘날 세상에서 거듭 입증되고 있는 아름다운 일이다.

예를 들면, 뉴기니와 인도네시아 곳곳에서 문명에서 아주 뒤떨어진 사람들과 혐오스러운 식인종들이 대학 학위를 가진 사람들만큼 빠른 속도로 거듭나고 있다. 명문 대학에서나 정글에서나 예수님은 똑같이 가까이 계시기 때문이다!

예수님은 모든 문화의 한가운데 계신다!

예수님은 또한 모든 시대의 한가운데 계신다. 우리 인간의 나이, 우리의 생년월일을 말하는 것이다. 80세나 8세나, 70세나 7세나 예수님은 똑같이 가까이 계신다.

우리는 나이가 들수록 하나님께 손을 내밀기가 어렵고 예수님께 나아갈 가능성이 줄어든다는 이야기를 들어왔다. 그러나 우리가 예수님께 나아갈 수 있는 능력, 즉 하나님으로부터의 거리는 어릴 때나 90세가 되어서나 달라지지 않는다.

따라서 예수 그리스도는 인류의 한가운데, 지리의 중심, 시간의 중심, 모든 문화의 한가운데 계신다.

우리 주님은 모든 삶의 경험들의 중심에 계신다!

누구나 주님께 다가갈 수 있다

우리 주님은 삶의 경험을 통해 우리에게 평화를 말씀하신다. 경험은 우리 주변에서 일어나는 일들에 대한 인식이다. 갓 태어난 아기는 경험이 없다. 지금까지 그 아이는 우리의 세상에서 작은 이방인일 뿐이다. 그러나 그는 빠른 속도로 배우며, 곧 크게 울면 관심을 받게 된다는 사실을 경험으로 알게 될 것이다.

100세까지 사는 사람은 실제로 몇 가지 경험들을 해왔다. 그런데 그가 산속에 살면서 좀처럼 밖으로 나오지 않는다면 경험의 폭이 좁을 것이다. 만일 그가 좋은 교육을 받고 다양한 친구들이 있는 세계여행가라면 어떻게 그의 두뇌가 미래의 기억과 참고할 자료들을 많이 보유할 수 있을지 의문이 들 정도로 그의 경험은 매우 방대할 것이다.

나는 어느 쪽이 예수님께 더 가까이 있는지 묻는다. 경험이 거의 없는 어린아이가 폭넓은 경험을 가진 사람보다 더 유리한가? 다른 점은 없다! 예수 그리스도는 삶의 경험들 가운데 서 계시며, 누구든지 그분께 다가갈 수 있다!

과거의 위대한 설교자, 조나단 에드워즈는 겨우 5세 때 회심했다. 그는 "나는 절대 퇴보하지 않았다. 똑바로 걸어갔다"라고 기록했다. 5세짜리 남자아이는 어떤 경험을 할 수 있는가?

사무엘상의 앞장들을 읽으며 소년 사무엘이 12세였다는 것을 생각하라. 그는 그저 한 사내아이였다. 그리고 98세의 엘리가 있었다. 소년과 노인, 두 사람이 여기에 있다.

그 소년은 어떤 경험을 했을까? 사실상 경험이 전무했다. 노인은 어떤 경험을 해왔을까? 사실상 모든 경험이 있었다. 그는 전반적인 인간의 가능성들을 모두 경험해보았다. 그러나 거의 아무 경험이 없는 어린 사무엘에게나, 오랜 세월 동안 인생이 무엇인지를 발견한 엘리에게나 하나님은 똑같이 가까이 계셨다.

우리 주님이 십자가에 달리셨을 때 히브리어, 헬라어, 로마어로 써서 그분의 머리 위에 붙여두었던 죄패를 기억하라.

"이는 예수 그리스도, 유대인의 왕이라."

어떤 사람은 이렇게 함으로써 하나님이 온 세상을 받아들이셨다고 지적했다. 히브리어는 종교를 상징한다. 헬라어는 철학을, 로마어는 로마 군대의 용맹함을 상징한다. 세상에서 겪을 수 있는 모든 인간의 경험이 그 안에 담겨 있었다.

"당신은 하나님께로부터 오신 선생인 줄 아나이다"라고 말했던 히브리 선생 니고데모나 로마의 군인들이나 모두 하나님의 아들과 똑같이 가까웠다.

그 당시 세상은 실제로 세 부분으로 나뉘었고, 오늘날 우리의 세상도 마찬가지 아닌가? 오늘날에도 종교, 문화, 그리고 군대와 정치의 결합이 있다. 다른 모든 것들은 그 영역 중 어딘가에 속한 듯하다.

예수 그리스도는 인간 세상의 중심에서 십자가에 못박히셨다. 따라서 철학자의 상아탑에서나 제사장의 성소에서나 쉽게 그분께 다가갈 수 있다. 두꺼운 책들을 들고 있는 사상가만큼 제복을 입은 군인도 그분께 쉽게 다가갈 수 있다.

우리 주 그리스도 예수는 아무도 우월을 주장할 수 없도록 가운데 서 계신다. 하나님께 감사하라! 아무도 나를 두렵게 하고 위협하고 쫓아낼 수 없다.

아무도 나를 깎아내리며 "아, 하지만 당신은 모릅니다!"라고 말할 수 없다. 그들은 그렇게 하려고 했다. 그들이 미소를 지으며 그렇게 말하면 나도 미소를 지으며 생각한다.

"형제여, 모르는 사람은 당신이야. 왜냐하면 난 알거든!"

나는 다른 사람들처럼 내가 있는 자리에서 재빨리 주님께 나아갈 수 있다는 것을 안다.

똑똑한 두뇌를 가진 아인슈타인은 그가 원한다면 손을 내밀어 메시아를 만질 수 있었을 것이다. 미국에는 글을 읽지 못하거나 쓸 수 없는 사람들이 많이 있다. 아인슈타인과 자기 이름을 X로 표기하는 사람은 같은 범주 안에 있다. 둘 다 테두리에서는 동등하다. 사실상 그 누구도 자기가 다른 사람들보다 유리한 입장이었다고 말할 수 없다.

당신은 이렇게 말한다.

"그러면 왜 모든 사람이 오지 않는 겁니까?"

변명할 수 없는 고집 때문이다.

불신앙 때문이다.

다른 것들에 사로잡혀 있기 때문이다.

우리에게 정말로 그분이 필요하다고 믿지 않기 때문이다!

많은 사람들이 주님께 등을 돌리는 이유는 자신들의 필요를 인정하려 하지 않기 때문이다. 당신에게 주님이 필요하다는 걸 알았다면 당신이 누구든 간에 믿음으로 주님께 나아갈 수 있고, 주님을 만질 수 있고, 그분의 능력이 당신을 돕기 위해 흘러나오는 것을 느낄 수 있을 것이다.

예수님은 오직 학식 있는 사람들만 구원하러 오시지 않았다.

그분은 죄인을 구원하러 오셨다! 백인들만이 아니라, 태양 아래 있는 모든 인종을 구원하러 오셨다. 젊은 사람들만이 아니라 모든 연령대의 사람들을 구원하러 오셨다!

그것을 믿고 우리 가운데 계신 예수님을 공경하자! 당신과 예수님에 관한 가장 중요한 사실은 당신이 있는 곳에서 예수님께 다가갈 수 있다는 것이다!

💬 깊이 생각하기

1. 어떻게 예수님이 만물의 중심이 되시는가? 이 지식이 당신의 삶에 어떤 영향을 끼치는가?
2. 매일의 삶 속에서 그리스도의 도움을 구하기 위해 손을 내미는 것이 왜 그토록 어렵다고 생각하는가?

* *Tozer Speaks, Volume 2*
  Christian Publications, 1994; WingSpread Publishers, 2010, 재출간.

CHAPTER 07

성령의 기름 부음을
받으신 분

하나님이 나사렛 예수에게 성령과 능력을 기름 붓듯 하셨으매
그가 두루 다니시며 선한 일을 행하시고 마귀에게 눌린
모든 사람을 고치셨으니 이는 하나님이 함께하셨음이라 행 10:38

우리 삶에 성령의 기름 부으심과 그분의 임재하심이 있다면, 인
자이신 예수님이 지상에서 사역하실 때 하실 수 있었던 일을 우
리도 마땅히 할 수 있어야 한다.

부디 나의 신념을 이야기할 때 이 책을 덮고 외면하지 말아달
라. 나는 우리 주 예수님이 세상에 계시는 동안 그분이 가진 신
성의 힘으로 강력한 일들을 행하지 않으셨다고 확신한다. 예수
님은 성령의 기름 부음을 받은 인간의 힘과 권능으로 그 일들을
행하셨다고 믿는다.

나의 추론은 이러하다. 만일 예수님이 이 땅에 오셔서 신성의

힘으로 사역을 하셨다면 그분이 하신 일들이 당연한 일들로 받아들여졌을 것이다. 하나님은 무엇이든 원하시는 대로 하실 수 있지 않은가? 아무도 그분의 일이 신성으로 행해진 일임을 의심하지 않았을 것이다. 그러나 예수님은 그분의 신성을 숨기고 인간으로서 사역하셨다. 예수님이 성령으로 기름 부음을 받으실 때까지 그분의 사역, 즉 권위와 능력의 행위들을 시작하지 않으셨다는 것을 주목할 필요가 있다.

나의 결론을 반박할 박식한 학자들과 신학 전문가들이 있다는 걸 안다. 그런데도 나는 내 생각이 맞다고 생각한다. 예수 그리스도는 성령의 기름 부음을 받은 인간의 능력과 권위로 파도와 바람을 잠잠케 하셨고, 병자를 고치셨으며, 눈먼 자를 보게 하시고, 완전한 권위로 귀신을 쫓아내시고, 죽은 자를 살리셨다. 만일 예수님이 하나님으로서 그 기적적인 일들을 행하셨다면 그것은 전혀 기적이 아니었을 것이다. 주님은 성령의 기름 부음을 받은 인간으로서 그 모든 놀라운 일들을 인간들 사이에서 행하셨다. 이는 참으로 놀라운 일이다!

나와 함께 베드로가 고넬료와 그의 이방인 가족에게 전한 메시지를 살펴보자.

"하나님이 나사렛 예수에게 성령과 능력을 기름 붓듯 하셨으매 그가 두루 다니시며 선한 일을 행하시고 마귀에게 눌린 모든 사람을 고치셨으니 이는 하나님이 함께 하셨음이라"(행 10:38).

히브리서는 하나님께서 예수님에게 주신 기름 부음은 "주를 동류들보다 뛰어나게" 하신 기름 부음이었다고 말한다(히 1:9). '주를 동류들보다 뛰어나게 하신 기름 부음'은 하나님께서 예수님에게 기름을 붓기로 선택하셨기 때문이 아니라 예수님이 원하셨기 때문에 주어진 것이었다고 생각한다. 예수님은 그러한 기름 부음을 받으실 수 있었다!

기름 부음은 무엇을 의미했는가?

레위인의 제사장직을 다시 살펴보면, 특별히 준비된 거룩한 기름으로 기름 부음을 행하는 의식을 발견한다. 톡 쏘는 듯한 약초들을 기름에 빻아 넣어 좋은 향기가 나게 했다. 그것은 특별했다. 이스라엘에서는 그 제조법을 사용하여 다른 기름을 만들 수 없었다. 제사장이 구별되어 기름 부음을 받을 때 그 기름은 신약성경에 나오는 성령의 기름 부음을 나타내는 것이었다. 그 거룩한 기름은 특별한 사역을 할 사람들에게 기름 붓는 데에만 사용될 수 있었다. 제사장들과 왕들과 선지자들이 이에 해당하였다. 그것은 육신적이고 죄악된 사람을 위한 것이 아니었다.

레위기에서 우리는 첫 번째 대제사장으로서 아론의 성별(聖別)에 대해 읽는다. 관유와 제단의 피가 함께 언급된다.

"모세가 관유와 제단 위의 피를 가져다가 아론과 그의 옷과 그의 아들들과 그의 아들들의 옷에 뿌려서 아론과 그의 옷과 그의 아들들과 그의 아들들의 옷을 거룩하게 하고"(레 8:30).

관유의 향은 독특했다. 어떤 사람이 구약의 제사장에게 가까이 다가갔다면 그 즉시 "난 관유의 냄새를 맡았어. 거룩한 기름의 냄새를!" 하고 말했을 것이다. 거기선 향기가 났다. 그러한 기름 부음은 비밀로 할 수가 없었다.

신약성경에서 성령이 오셨을 때 그분의 임재는 거룩한 관유에서 발견된 향기들의 전체 목록을 완성했다. 신약의 신자들이 기름 부음을 받을 때 그 기름 부음은 분명히 나타났다. 사도행전에서 그 부분을 읽어보라.

- 그들이 다 성령의 충만함을 받고(행 2:4).
- 무리가 다 성령이 충만하여 담대히 하나님의 말씀을 전하니라 (행 4:31).
- 스데반이 성령 충만하여 하늘을 우러러 주목하여(행 7:55).
- 베드로가 이 말을 할 때에 성령이 말씀 듣는 모든 사람에게 내려오시니(행 10:44).

이 외에도 여러 말씀이 있다.

성령은 변하지 않으셨다. 그분의 능력과 권위는 변하지 않았다. 성령은 여전히 영원하신 하나님의 제삼위이시다. 우리가 영원하신 하나님의 아들, 예수 그리스도에 대해 알아야 할 모든 것을 우리에게 가르치기 위해 우리 가운데 계신다.

기름 부음은 비밀이 아니다

나는 우리 가운데 누구도, 남자든 여자든, 진정으로 성령의 기름 부음을 받았으면 그것을 비밀로 하기를 바랄 수 없다고 말한다. 그의 기름 부음은 분명히 나타날 것이다.

어느 그리스도인 형제는 한때 자신의 삶 속에서 성령 충만을 감추려고 애썼던 것을 나에게 털어놓았다. 그는 믿음으로 하나님께 자신의 삶을 드리기로 했다. 기도의 응답으로, 하나님은 그를 성령으로 충만케 해주셨다. 그는 속으로 "나는 아무에게도 이것에 대해 말할 수 없어!"라고 생각했다.

3일이 지났다. 그의 아내가 그의 팔을 만지며 물었다.

"에버렛, 무슨 일 있었어요? 분명 무슨 일이 있었던 것 같은데!"

그러자 막혀 있던 물줄기처럼 그의 간증이 흘러나왔다. 그는 성령의 기름 부음을 받았다. 그 향은 감출 수가 없었다. 그의 아내는 집안에서 그것을 느꼈다. 그의 삶이 달라졌기 때문이다. 영적 은혜와 성별된 삶의 열매는 감출 수 없다. 그것은 기쁨과 즐거움의 기름 부음이다.

모든 사람에게 성령의 능력이 기쁨의 능력이라고 말할 수 있어서 행복하다! 우리의 구세주, 예수 그리스도는 이 땅에서 아름답고 거룩한 삶을 사셨고, 이 기쁨의 기름 부음의 능력으로 치유하고 구원하는 역사를 행하셨다.

우리는 당신이나 나의 머리보다, 또는 이 세상에 살았던 어떤 누구의 머리보다 예수님의 머리 위에 하나님의 거룩한 기름이 더 많이 부어졌다는 것을 인정해야 한다. 하나님이 아무에게나 가장 좋은 것을 주시지 않을 거라는 말이 아니다. 다만 하나님의 성령은 우리 삶의 자발적 의지에 비례하여 기름을 부어주실 수 있다.

예수님의 경우, 의를 사랑하고 죄악을 미워하셨기 때문에 특별한 기름 부음을 받으셨다고 한다. 그것은 분명 우리가 전능하신 하나님으로부터 온전한 기름 부음과 복을 받기 위해 어떤 사람이 되어야 하는지 알기 위해 필요한 단서를 준다.

예수님은 세상에 계실 때 그림이나 문학작품에 묘사된 것처럼 수동적이고, 창백하고, 줏대 없는 분이 아니셨다. 그분은 굳센 의지를 가지셨으며, 강인하셨다. 자신을 태우는 강렬한 사랑으로 사랑하실 수 있었다. 그릇되고 악하고 이기적이고 죄악된 모든 것에 대해 가장 강력한 증오로 미워하실 수 있었다.

내가 이렇게 말할 때 어김없이 누군가는 반박할 것이다.

"나는 예수님에 대한 그런 말들을 믿을 수 없습니다. 저는 언제나 미워하는 것은 죄라고 생각했으니까요!"

예수님이 세상에 계실 때의 기록과 그분의 가르침들을 오랫동안 충분히 공부해보라. 하나님의 자녀들이 미워해야 할 것을 미워하지 않는 것은 죄이다. 우리 주 예수님은 의를 사랑하셨으나 죄악은 미워하셨다. 우리는 예수님이 죄와 잘못된 것과 악한 것을 완전히 미워하셨다고 말할 수 있다고 생각한다!

우리가 헌신하고 성별된 그리스도인이며, 십자가에 못박히시고 다시 살아나신 그리스도의 참된 제자들이라면 반드시 직시해야 할 것들이 있다.

우리는 부정을 미워하지 않고 정직을 사랑할 수 없다.

우리는 불결함을 미워하지 않고 순결을 사랑할 수 없다.

우리는 거짓과 기만을 미워하지 않고 진실을 사랑할 수 없다.

우리가 예수 그리스도께 속한 자라면 예수님이 모든 형태의 악을 미워하셨던 것처럼 우리도 악을 미워해야 한다. 예수 그리스도는 하나님을 거스르는 것을 미워하고 하나님으로 충만한 것을 사랑하실 수 있었기 때문에 기쁨의 기름으로 온전히 기름 부음을 받으실 수 있었다.

인간적인 측면에서 볼 때, 우리가 성령을 온전히 받지 못하는 것은 선한 것을 온전히 사랑하고 악한 것을 온전히 미워하지 않기 때문이다. 하나님이 우리에게 주지 않으시는 이유는 옳은 것에는 전폭적인 사랑을, 악한 것에는 순전하고 거룩한 증오를 품으신 예수님을 따르려 하지 않기 때문이다.

💬 깊이 생각하기

1. 예수님이 자신의 신적인 능력이 아니라 인간으로서 성령의 능력으로 기적을 행하셨다는 사실이 왜 중요한가?

2. 신약성경이 묘사하는 예수님과 오늘날 우리 세상에서 흔히 묘사되는 예수님의 모습은 어떻게 다른가?

3. 당신이 성령을 충만하게 받았다면 당신의 삶이 어떻게 달라졌겠는가?

* *Jesus, Our Man in Glory*
Christian Publications, 1987; WingSpread Publishers, 2009, 재출간.

CHAPTER 08

세상의 구원자로
오신 분

하나님이 그 아들을 세상에 보내신 것은
세상을 심판하려 하심이 아니요
그로 말미암아 세상이 구원을 받게 하려 하심이라 요 3:17

성경에서 하나님이 그의 아들을 세상에 보내셨다고 할 때 단지 지리적인 세상에 대해서만 말하는 것이 아니다. 그것은 단지 하나님이 그의 아들을 근동 지방에, 팔레스타인의 베들레헴에 보내셨다고 알려주는 것이 아니다.

물론 예수님은 베들레헴에 오셨다. 그분은 바다 사이에 있는 그 작은 땅에 오셨다. 하지만 이 메시지는 지리적 의미나 천문학적인 의미를 갖고 있지 않다. 그것은 킬로미터와 거리, 대륙, 산, 도시들과 아무 관련이 없다.

그것이 정말로 의미하는 것은 하나님이 그 아들을 인류 속으로 보내셨다는 것이다. 여기서 세상에 대해 말할 때는 하나님이 단지 우리의 땅을 사랑하셨다는 뜻이 아니다. 하나님께서 봉우리가 눈으로 덮인 산들이나 햇빛에 빛나는 초원이나 흐르는 개울이나 북부의 높은 산봉우리들을 너무도 사랑하셨다는 뜻이 아니다.

물론 하나님은 이 모든 것을 사랑하실 것이다. 나는 그럴 것으로 생각한다. 욥기나 시편을 읽어보면 하나님이 친히 만드신 세상을 사랑하신다는 것을 모를 수가 없다.

그러나 이 구절의 의미는 그런 것이 아니다. 하나님은 인류에게 그 아들을 보내셨다. 예수님이 사람들에게로 오셨다. 우리는 이것을 결코 잊지 말아야 한다. 예수 그리스도는 사람들을 찾아 구원하기 위해 오셨다. 총애하는 몇몇 사람만이 아니다. 특정 부류의 사람들만이 아니다. 일반 사람들뿐만이 아니다.

우리 인간들은 포괄적이고 일반적인 용어를 사용하는 경향이 있고, 금세 과학적인 관점을 갖게 된다. 그런 관점은 버리고 하나님이 우리 각 사람을 특별히 사랑하셔서 그 아들이 세상 사람들에게 오셨고 심지어 그 사람들 중 한 사람이 되셨다고 고백하자!

만약 당신이 퍽(Puck, 셰익스피어의 《한여름 밤의 꿈》에 나오는 인물 - 역자 주)처럼 잠깐 눈을 붙이는 사이 지구 주위에 띠를 두를 수 있다면 한 번에 어떤 사람들을 보게 될지 생각해보라.

당신은 절름발이와 눈먼 사람과 나병환자들을 볼 것이다. 뚱뚱한 사람과 마른 사람, 키 큰 사람과 키 작은 사람들을 볼 것이다. 더러운 사람과 깨끗한 사람을 볼 것이다. 경찰을 두려워하지 않고 도로를 따라 안전하게 걷는 사람들도 볼 것이나, 뒷골목으로 숨어다니고 깨진 창문으로 기어들어가는 사람들도 볼 것이다.

건강한 사람들도 보겠지만 마지막 죽음의 고통에 몸을 뒤틀며 경련하는 사람들도 볼 것이다. 무지하고 문맹인 사람들뿐 아니라, 대학가의 느릅나무 아래 모여 세상을 놀라게 하고 기쁘게 할 위대한 시나 연극이나 책에 대한 깊은 꿈을 키워가는 사람들도 볼 것이다.

사람들! 당신은 수많은 사람들을 볼 것이다. 당신과 눈빛이 다르고 머리카락이 다른 사람들을 볼 것이다. 그들의 관습은 당신과 다르고, 습관도 다르다. 그러나 그들 모두 사람들이다. 그들의 다른 점은 모두 외적인 것이다. 그들의 비슷한 점들은 모두 그들의 본성 안에 있다. 그들의 다른 점들은 관습이나 습관과 관련된 것이다. 그들의 비슷한 점들은 본성과 관련이 있다.

주님은 모든 사람을 위해 오셨다

형제들이여, 하나님께서 그 아들을 사람들에게 보내셨다는 사실을 소중히 여기자. 그분은 사람들의 구세주이시다. 예수 그리스도는 당신과 나의 가족과 같은 사람들에게 생명과 소망을 주기 위해 오셨다.

세상의 구세주는 모든 살아 있는 영혼의 참된 가치를 아신다. 그분은 지위나 인간적인 명예나 계급에 관심을 두지 않으신다. 우리 주님은 모든 사람이 이야기하는 이 지위에 대해 아무것도 모르신다.

예수님이 이 세상에 오셨을 때 누구에게도 "네 아이큐가 몇이냐?"라고 묻지 않으셨다. 누구에게도 여행을 얼마나 많이 다녔는지 묻지 않으셨다.

하나님이 예수님을 보내신 것, 그리고 예수님이 오신 것에 감사하자! 그 두 가지는 다 사실이다. 그것들은 모순되지 않는다. 하나님은 예수님을 구세주로 보내셨다! 하나님의 아들 그리스도는 사람들을 찾아 구원하기 위해 오셨다! 예수님은 보내심을 받았기 때문에 오셨고, 또 그분의 넓은 마음이 이곳에 오기를 강권하고 재촉했기 때문에 오셨다. 이제 그분이 어떤 사명을 갖고 오셨는지 생각해보자. 인간으로서 우리의 상황에 대해 내가 무슨 생각을 해왔는지 아는가?

주님은 회복하시기 위해 오셨다

우리가 예수님을 알지 못하던 상태로 돌아간다고 상상해보자. 우리에게 성경도 없고 찬송가도 없으며 2천 년 동안 우리에게 주어진 기독교의 가르침과 관습들이 모두 없다고 상상해보자. 인간의 입장에서 말하자면 우리는 홀로 있다.

갑자기 어떤 사람이 다음과 같은 선언을 하면서 다가온다.

"하나님이 그 아들을 인류에게 보내주십니다. 그분이 오고 계십니다!"

우리에게 제일 먼저 떠오르는 생각은 무엇이겠는가? 우리의 마음과 양심이 그 즉시 우리에게 무슨 말을 하겠는가? 우리는 나무와 바위를 향해 달려가 아담처럼 동산의 나무들 사이에 숨을 것이다.

하나님이 그 아들을 세상에 보내실 때 어떤 논리적 사명을 부여하셨을까? 우리는 우리의 본성이 어떠한지 알고, 하나님께서 우리에 관한 모든 것을 아시고 우리와 대면하기 위해 그 아들을 보내신다는 것을 안다.

왜 하나님의 아들이 인류에게 오시겠는가?

우리 자신의 마음, 즉 죄와 어두움과 기만과 도덕적 질병은 그분의 사명이 무엇이어야만 하는가를 말해준다. 부인할 수 없는 우리의 죄는 주님이 세상을 심판하러 오셨을 거라고 말한다!

왜 성령이 "하나님이 그 아들을 세상에 보내신 것은 세상을 심판하려 하심이 아니요"(요 3:17)라는 선포와 하나님의 말씀을 전했겠는가?

사람들은 의로운 분이 오시면 우리가 형을 선고받아야 한다는 걸 알기 때문에 자신 스스로 정죄한다.

그러나 하나님은 그보다 훨씬 더 크고 은혜로운 목적을 갖고 계셨다. 그분은 죄악된 사람들이 구원을 받게 하려고 오셨다. 우리 주 예수 그리스도의 사랑의 사명은 정죄하는 것이 아니라 용서하고 회복시키는 것이었다.

왜 천사가 아니라 사람에게 오셨을까

왜 예수님은 타락한 천사들이 아니라 인간들에게 오셨을까? 나는 주님이 천사들이 아니라 인간들에게 오신 이유가 인간이 하나님의 형상으로 창조되었고 천사들은 그렇지 않았기 때문이라고 믿는다. 예수님이 타락한 마귀들이 아니라 타락한 아담의 후손들에게 오신 이유는 타락한 아담의 후손이 본래 하나님의 형상을 가지고 있었기 때문이라고 믿는다.

따라서 예수 그리스도가 성육신하실 때 인간의 몸으로 오신 것이 도덕적으로 타당한 결정이었다고 믿는다. 하나님이 인간을 그분의 형상으로 만드셨기 때문이다.

인간이 타락하여 길을 잃었고 지옥으로 향하고 있었을지라도 여전히 성육신을 가능케 하는 능력과 잠재력이 있었기에 전능하신 하나님이 인간의 육신을 입고 인간이 되셔서 그들 가운데 거니실 수 있었다고 믿는다.

천사들과 타락한 피조물 중에는 그와 같은 이가 없었다. 따라서 주님은 정죄하기 위해 오신 것이 아니라 회복시키고 거듭나게 하기 위해 오신 것이다.

우리는 이런 하나님의 낮아지심을 개인적 관점으로 생각해보려고 했고, 하나님의 이런 사랑을 받는 것이 우리 각 사람에게 어떤 의미가 있는지 생각해보았다. 누군가는 이렇게 말하고 싶을 것이다.

"하지만 요한복음 3장 16절은 십자가를 언급하지 않습니다. 당신은 하나님의 사랑에 대해 이야기했지만, 우리를 대신하여 십자가에서 죽으신 것을 언급하지는 않았습니다!"

그런 사람에게 나는 "설교자들이 설교할 때마다 신학의 모든 부분을 다 언급해야 한다고 생각하고 주장하는 사람들이 있지만, 설교자들이 그렇게 할 수는 없다"고 말해주고 싶다.

요한복음 3장 16절은 십자가를 언급하고 있지 않다. 그러나 나는 하나님께서는 우리 인간들처럼 편협하지 않으시다고 분명히 말한다. 하나님은 그 모든 것을 계시하셨고 그 모든 것을 포함하셨으며 성경의 어딘가에서 그 모든 것을 말씀하셨다. 따라서 십자가는 성경 한가운데 있는 크고 빛나는 기둥처럼 두드러진다.

우리는 또한 구세주께서 돌아가신 십자가가 없으면 성경도, 계시도, 구속의 메시지도, 아무것도 있을 수 없었다는 걸 기억한다! 그러나 여기서 하나님은 우리에게 사랑의 선포를 하셨다.

바로 그 아들을 보내신 것 말이다. 하나님께서 그 아들을 주셨다! 그리고 나중에는 더 나아가, 그 아들을 죽음에 내어주셨다!

나는 이것이 모든 사람을 위한 개인적인 말씀이 되어야 한다고 말했다. 가장 감동적인 이야기 속에 나오는 탕자처럼, 우리 각 사람은 자신의 개인적인 필요를 인정하고 결단하며 행동해야 한다.

"나는 여기서 주려 죽는구나 내가 일어나 아버지께 가서"

(눅 15:17,18).

그는 '내가 일어나'라고 말했고, 일어나 자기 아버지에게로 갔다.

이것을 당신 자신에게 적용하라. 하나님이 당신을 구원하기 위해 그 아들을 세상에 보내셨기 때문이다!

나는 당신이 당신 자신에 대해 어떤 믿음을 가져야 한다고 주장한다. 나의 이런 말에 비판과 불평을 보낼 것이기 때문에 이런 말을 하기가 두렵기도 하다. 당신 자신을 믿으라고 하는 것이 아니다. 나는 그저 당신이 자신에 대한 믿음, 그리스도에 대한 믿음, 개인적으로 주님이 당신에게 약속하신 것에 대한 믿음을 보여주는 것이 옳다고 말하는 것이다. 즉, 하나님이 "집으로 오라"고 말씀하실 때 그것이 당신에게 하신 말씀임을 믿어야 한다.

하나님은 당신과 나를 두고 말씀하셨다

"하나님이 너무도 사랑하셔서 당신을 위해 그 아들을 주셨다!"라고 하실 때 바로 당신 자신에게 하신 말씀임을 믿지 않는다면 당신이 하나님에 대해 가지고 있는 일반적인 믿음은 당신에게 아무 도움도 되지 않을 것이다.

탕자는 이렇게 말할 수 있었다. "사람이 배고파 죽을 지경에 이르면 아버지 집으로 돌아갈 수 있다"라고. 하지만 그는 "나는 배고프다. 아버지께서 나를 위해 예비해두신 것이 있으니, 일어나 가자!"라고 말했다.

하나님은 각 사람이 개인적인 다짐과 결심을 하며 돌아오기를 사랑으로 기다리신다.

"일어나 집으로 가서 내 아버지 집에 있는 양식을 달라고 해야겠다."

하나님이 사랑하시고 용서하길 원하시는 이가 정말로 당신이라는 것을 믿고, 개인적으로 예수 그리스도에 대한 믿음의 결단을 내린다면, 그것은 당신이 이제까지 알았던 것보다 당신에게 훨씬 더 큰 의미가 있을 것이다. 그것은 아름답고 영원한 것을 의미한다.

개인적으로 불신은 언제나 세 그루의 나무를 찾아 그 뒤에 숨어 머뭇거리려 한다는 것을 명심하라. 그 나무들은 곧 다른 사람, 다른 장소, 다른 시간이다.

우리는 누군가가 요한복음 3장 16절에 관하여 초청 설교를 하는 걸 듣고, 사실상 이 나무들 뒤에 숨기 위해 동산으로 달려 간다. "물론 그것은 사실이지만, 다른 사람을 위한 것이다"라고 말한다. 만일 다른 장소나 다른 시간이었다면 당신은 기꺼이 왔을지도 모른다.

올바른 문법이나 적절한 시제를 사용하는지는 중요하지 않다. 우리 주님이 듣기 원하시는 것은 "저를 위한 말씀이군요, 주님! 제가 바로 주께서 이 세상에 오셔서 죽으신 이유이자 목적입니다"라는 당신의 고백이다.

그것은 구속주에 대한 긍정적이고 개인적인 믿음이다. 또한 당신을 구원하는 믿음이다. 당신이 예수 그리스도에 대한 믿음을 가지고 있는 모습 그대로 속히 나아간다면, 우리 주님은 당신이 세상의 모든 신학을 알고 있는지 아닌지에 대해서는 거의 관심이 없다는 것을 말해두겠다!

💬 깊이 생각하기

1. 하나님이 모든 사람을 구원하기 위해 그 아들을 보내셨다는 사실을 알게 됨으로써 당신은 담대해지는가, 아니면 그것을 사실로 받아들이기가 어려운가?

2. 많은 비기독교인이 하나님을 사람들에게 앙심을 품고 벌을 주려 하시는 분으로 여기는 이유가 뭐라고 생각하는가?

* *Christ the Eternal Son*
Christian Publications, 1982; WingSpread Publishers, 2010, 재출간.

PART

02

완전한 구원과
계시의 완성,
예수

JESUS

CHAPTER 09

유일하고 완전한
치유자

너희에게 평강이 있을지어다 요 20:21

세상에서 종교적 지도자가 되고자 하는 많은 사람들이 내세우는 의견과 반대로, 기독교는 예수 그리스도를 앞세운 '윤리 체계'로 만들어지지 않았다.

우리 주님은 2천 년 전에 새로운 종교나 체제로서 기독교를 설립하기 위해 세상에 오시지 않았다. 그분은 영원한 목적을 가지고 이 세상에 오셨다. 그분은 만물의 중심으로서 오셨다. 당신이 그렇게 표현하기 원한다면 사실 그분은 우리의 종교가 되기 위해 오셨다.

주님은 땅끝까지 하나님의 구원이 되기 위해 인간으로, 육신으로 오셨다. 단지 병을 고치거나 복을 주기 위해 다른 사람들에게 능력을 위임하러 오신 것이 아니다.

주님은 복이 되기 위해 오셨다. 하나님의 모든 복과 영광이 그분의 인격 안에서 발견되기 때문이다. 예수 그리스도가 만물의 중심이시기 때문에 그분은 직접적이고 개인적이며 친밀한 손길로 인간의 영혼과 마음을 구원해주신다. 이것은 나 혼자만의 해석이 아니다. 이것은 메시아이자 구세주이신 예수 그리스도를 통한 구원의 기본 가르침이다. 성경 전체에 걸쳐 나타나는 가르침이다!

예수 그리스도는 복잡한 종교 의식들이 있는 세상으로 들어오셨다는 것을 기억하기 바란다. 어쩌면 그것은 일종의 종교적 정글에 비유할 수 있을 것이다. 숨이 막히고 정신을 혼미하게 하는 여러 가지 의무들과 의식들이 사람들에게 부과되어 있었다. 인간이 만든 법령들로 빽빽해진 정글은 늘 어두컴컴할 뿐이었다.

이 모든 것 가운데로 빛이 들어왔다. 그것은 세상에 들어올 모든 사람을 비출 수 있는 빛이었다. 그분은 너무나 밝게 빛나며 어두움을 물리치셨기에 "나는 세상의 빛이다"라고 말씀하시며 가르치실 수 있었다.

때가 무르익었을 때 예수 그리스도는 하나님의 구원이 되기 위해 오셨다. 그분은 인류의 모든 문제에 대한 하나님의 치유책이 되셔야만 했다.

예수님은 우리를 도덕적, 영적 질병으로부터 구원하기 위해 오셨다. 그러나 또한 그분은 우리 자신의 해결책들로부터 우리를 구원하기 위해 오셨다고도 할 수 있다.

우리의 진정한 치유

형식으로서의 종교는 인류에게 부과되었던 가장 무거운 짐 중 하나이다. 또한 우리는 그것이 자가 치료의 부담임을 알아야 한다. 자신의 도덕적, 영적인 질병을 의식하는 사람들은 자신의 치료법으로 나아지길 바라면서 스스로 치료하려 한다.

나는 종종 자가 치료나 인간의 치료법 중에, 스스로 회복하고 공적을 쌓기 위한 노력의 일환으로 시도하지 않은 것이 있을까 하는 의문이 든다.

지금도 수많은 순례자들이 땅바닥에 납작 엎드려 자벌레들처럼 갠지스강을 향해 기어가는 모습을 볼 수 있을 것이다. 그들은 성스러운 강물 속에서 죄책감의 짐을 벗을 수 있기를 바라고 있다.

역사는 자기 부인과 단식으로 죄책감을 해결하려 했던 수많은 사람들에 대해 말해준다. 많은 사람들이 헤어 셔츠(털이 섞인 거친 천으로 만든 셔츠로 과거 종교적인 고행을 하던 사람들이 주로 입었다 - 역자 주)를 입거나 뾰족한 못 위를 걷거나 뜨거운 석탄

위를 걸어감으로써 일종의 고행을 하려 했다. 은둔자 콤플렉스를 가진 남자들은 사회를 피해 굴속에 숨었다. 자기들을 하나님께 더 가까이 가게 해주고 자신의 악한 본성을 벌충해줄 공적을 쌓길 바라면서 말이다.

오늘날에도 인간들은 치유책이 이미 왔다는 사실을 인식하지 못하고, 여전히 새로운 자가 치료법과 실패와 약함과 악행에 대한 약물 치료법을 고안해내고 있다.

성전 주위에서 희망을 갖고 기다려왔던 옛 하나님의 사람, 시므온은 그 치유책이 왔다는 사실을 알았다! 그는 아기 예수를 본 순간, 아기를 팔로 안은 채 내려다보며 이렇게 말했다.

"주재여 이제는 말씀하신 대로 종을 평안히 놓아 주시는도다 내 눈이 주의 구원을 보았사오니"(눅 2:29,30).

그러므로 나는 의심하는 사람들이나 가르침을 받지 못한 사람들에게 기독교가 당신에게 제공하는 것은 바로 예수 그리스도 자신이라고 말한다. 겨자나무처럼 자라서 크게 확장하는 자기 치료 사상 같은 인간적인 사상들의 도입으로 몇몇 교회들이 혼란스러워한다는 걸 알고 있다.

그러나 실제로 기독교가 제시하는 것은 주 예수 그리스도뿐이다. 그분만으로 충분하기 때문이다! 당신과 예수 그리스도의 관계는 실제로 이 삶에서 가장 중요한 문제이다.

그것은 좋은 소식이기도 하고 나쁜 소식이기도 하다. 우리 구세주를 만났고 그분을 개인적으로 친밀하게 아는 사람들에게는 좋은 소식이다. 반면에 다른 방법으로 천국에 들어가길 바라는 이들에게는 나쁜 소식이다.

우리의 평강

예수님이 가운데 서서 "너희에게 평강이 있을지어다"라고 말씀하셨다는 기록을 주목하라. "땅에서는 하나님이 기뻐하신 사람들 중에 평화로다"라는 천사들의 말에 대한 아름다운 해석이 여기에 있다. 천사들은 오시는 분이 예수님이었기 때문에 그렇게 말할 수 있었다. 그분은 우리의 평강이시다. 나는 한때 "주님은 우리의 평강이시다"라는 글귀를 벽에 걸어놓았다. 예수님이 오셨기 때문에 천사들이 "땅에는 평화로다"라고 선언할 수 있었다.

성경은 이 부분에서 예수님이 직접적, 개인적으로 건강을 주시는 방법을 보여주었다. 가운데 계신 분이 그리스도였다. 즉, 그분은 하나님이시고, 영이시며, 영원하시고, 무한하시고, 최고로 높으시며, 모든 것 안에 계신 모든 것이시므로 그 자리에 계실 수 있었다. 그러므로 그분이 중심에 계셨던 것이다!

예수님은 학식 있는 사람들만 구원하러 오시지 않았다. 그분은 죄인을 구원하러 오셨다! 백인들만 구원하러 오신 것이 아니라 태양 아래 있는 모든 인종들을 구원하러 오셨다. 젊은 사람들만이 아니라 모든 연령대의 사람들을 구원하기 위해 오셨다!

그것을 믿고 우리 가운데 계신 예수님을 높이자! 우리와 예수님에 관한 가장 중요한 사실은 우리가 있는 자리에서 그분께 다가갈 수 있다는 것이다.

💬 깊이 생각하기

1. 기독교가 제공해주는 해결책이 다른 종교들이 제시하는 것과 다른 이유는 무엇인가?

2. 기독교가 제공하는 것이 단지 예수님뿐이라는 것을 비기독교인들이 이해했다면 다르게 반응했을 것으로 생각하는가?

* *Tozer Speaks, Volume 2*
Christian Publications, 1994; WingSpread Publishers, 2010, 재출간.

CHAPTER 10

흠 없는 제물

하물며 영원하신 성령으로 말미암아 흠 없는 자기를 하나님께 드린
그리스도의 피가 어찌 너희 양심을 죽은 행실에서 깨끗하게 하고
살아 계신 하나님을 섬기게 하지 못하겠느냐 히 9:14

'passion'이라는 단어가 지금은 '정욕'을 의미하지만, 옛날에
는 깊고 끔찍한 고통을 의미했다. 사람들이 성금요일을 '수난
절'(Passion Tide)이라고 부르고 '그리스도의 수난'에 대해 이야
기하는 이유가 그 때문이다. 그것은 예수님이 우리를 위해 피를
흘리심으로 제물이 되셨을 때 받으신 고난을 뜻한다.

예수 그리스도는 하나님이시며, 내가 지금까지 하나님에 대해
말한 모든 것은 그리스도를 묘사한다. 하나님은 한 분이시다.
그분은 스스로 인간의 본성을 취하셨으나 인간보다 먼저 계셨
고 인간을 창조하신 영원한 말씀이신 하나님은 한 분이시며, 그

분의 본체는 나뉘지 않는다. 그러므로 거룩한 주님이 고난을 받으셨고, 우리를 위해 피 흘리신 그분의 고난은 세 가지 특징이 있었다. 즉 그것은 무한하고, 전능하며, 완벽했다.

십자가 고난의 특징

'무한하다'라는 것은 한계가 없고, 끝이 없으며, 깊이를 알 수 없고, 영원히 정상이 보이지 않고, 한도나 제한이 없는 것을 의미한다. 그처럼 예수님의 고난과 그분이 어두워지는 하늘 아래 십자가에 달려 이루신 대속은 그 능력이 무한했다.

그것은 무한할 뿐만 아니라 전능했다. 선한 사람들은 어떤 일을 '거의' 하거나 어떤 것이 '거의' 될 수 있다. 그것은 사람이기 때문에 사람이 얻는 해결책이다. 그러나 전능하신 하나님은 결코 '거의' 어떤 것이 되지 않으신다. 하나님은 언제나 그분 자신이시다. 그분은 전능자이시다.

아이작 왓츠(Isaac Watts)는 주님이 십자가에서 돌아가신 것에 대해 "전능하신 조물주가 인간 피조물의 죄를 위해 돌아가셨다"라고 말했다. 또한 전능하신 조물주 하나님이 돌아가셨을 때 그 모든 능력은 대속 안에 있었다. 당신은 결코 대속의 효과를 과장해서 말할 수 없다. 십자가의 능력을 부풀릴 수 없다.

하나님은 무한하시고 전능하실 뿐 아니라 또한 완전하시다. 예수 그리스도의 보혈 안에 있는 대속은 완전하다. 거기에 더해

질 수 있는 것은 아무것도 없다. 그것은 흠이 없고, 나무랄 데 없으며, 완벽하다. 하나님이 완전하신 것처럼 완전하다. 따라서 "하나님이 공정하시다면 어떻게 악인을 살려두십니까?"라는 질문에 그리스도의 수난의 결과가 답을 해줄 수 있다. 십자가 위에서의 거룩한 고난과 죽음으로부터의 부활이 우리의 죄를 무효화하고 우리가 받은 선고를 파기한다.

하나님의 공의와 죄인을 향한 선고

우리는 어디서 어떻게 그 선고를 받았는가? 도덕적인 상황에 공의를 적용함으로써 그 선고를 받았다. 당신이 자신을 얼마나 착하고 고상하고 사랑스럽게 생각하든 간에, 당신은 하나의 도덕적 상황이다. 지금까지 그랬고, 지금도 그러하며, 앞으로도 그럴 것이다. 하나님이 당신을 대면하실 때 하나님의 공의가 도덕적 상황에 직면했고 당신이 불공정하다는 것을 발견했다. 불공평함과 부당함을 발견했다.

하나님이 거기서 부당함을 발견하셨기 때문에 당신에게 사망 선고를 내리셨다. 모든 사람은 사망 선고를 받았거나 받고 있다. 나는 어떻게 사람들이 사망 선고를 받고 그렇게 행복할 수 있는지 궁금하다.

"범죄하는 그 영혼은 죽을지라"(겔 18:20).

정의는 남자나 여자나 청년이나 또는 도덕적 책임이 있는 누구에게나 있는 도덕적 상황을 대면할 때 그 사람을 정당화하거나 정죄한다. 그렇게 해서 우리가 선고를 받은 것이다.

하나님이 공의로 죄인에게 사망 선고를 내리실 때 그것은 결코 하나님의 자비와 충돌하지 않는다는 점을 지적하겠다. 하나님은 하나님의 인자하심과 충돌하지 않으신다. 하나님의 긍휼 또는 연민과 충돌하지 않으신다. 그것들은 모두 하나님의 속성들이며, 서로 다툴 수 없기 때문이다. 하나님의 모든 속성은 인간의 사망 선고에 동의한다. 하늘의 천사들은 크게 외치며 이렇게 말했다.

"전에도 계셨고 지금도 계신 거룩하신 이여 이렇게 심판하시니 의로우시도다 … 그러하다 주 하나님 곧 전능하신 이시여 심판하시는 것이 참되시고 의로우시도다"(계 16:5,7).

하늘에서는 그 어떤 존재도 하나님이 행하시는 방법을 문제 삼지 않을 것이다. 전능하신 하나님은 그분의 세계를 경영하시고, 모든 도덕적 피조물은 "심판하시는 것이 참되시고 의로우시도다"(계 16:7), "의와 공의가 주의 보좌의 기초라"(시 89:14)라고 말한다. 하나님께서 한 사람을 보내어 죽게 하실 때 그분의 자비와 연민과 긍휼과 지혜와 능력이 뜻을 같이한다. 즉, 하나님의 모든 지성이 그 선고에 동의한다.

그리스도가 죽으신 이유

그러나 오, 대속의 신비와 경이로움이여! 그 대속의 혜택을 받는 영혼, 그 대속에 몸을 던지는 영혼은 도덕적 상황이 달라졌다. 하나님은 변하지 않으셨다. 예수 그리스도는 하나님을 변화시키기 위해 돌아가시지 않았다. 예수 그리스도는 도덕적 상황을 바꾸기 위해 돌아가셨다. 하나님의 공의가 무방비 상태의 죄인을 대면할 때, 그 공의는 그에게 사형 선고를 내린다. 그리고 하나님의 모든 것이 그 선고에 동의한다! 그러나 하나님이신 그리스도께서 나무에 달려 무한한 고난과 극심한 고통 속에서 돌아가셨을 때, 이 크신 하나님도 지옥의 모든 고통보다 더 큰 고통을 겪으셨다. 하나님이 하시는 모든 일은 하나님의 모든 존재가 행하시는 것이므로 그리스도는 또한 하나님의 고통을 겪으셨다. 나의 친구여, 하나님이 당신을 위해 고통을 당하셨을 때 그분은 당신의 도덕적 상황을 변화시키기 위해 그렇게 하신 것이다.

하나님의 긍휼에 자신을 맡기는 사람의 도덕적 상황은 바뀌었다. 하나님은 "그래, 우리는 이 친구를 봐줘야겠다. 그가 결단을 내렸으니, 우리는 그를 용서할 것이다. 그가 기도실로 들어갔으니 우리가 그를 용서하겠다. 그는 교회에 등록할 것이니 그의 죄를 눈감아주겠다"라고 말씀하지 않으신다. 절대 아니다! 하나님이 대속받은 죄인을 바라보시는 눈길은, 여전히 죄를 사랑하는 죄인을 바라보시는 눈길과 다르다. 하나님이 자기 죄를 사랑하고 대속의 신비를 무시하는 죄인을 바라보실 때, 그분의 공의가 그를 정죄하여 사형선고를 내린다. 그러나 하나님이 영원한 언약의 피를 받아들인 죄인을 보실 땐 그분의 공의가 그에게 생명의 판결을 내린다. 또한 하나님은 그 두 가지를 공정하게 행하신다.

하나님이 한 죄인을 의롭다 칭하실 때 하나님 안에 있는 모든 것이 죄인의 편에 선다. 하나님의 모든 속성이 죄인의 편에 선다. 설교자들이 가끔 말하듯이, 자비가 죄인을 위해 호소하고 공의는 그를 죽이려고 하는 것이 아니다. 하나님이 하시는 모든 일은 하나님의 존재 전체가 행하시는 것이다. 하나님이 죄인을 바라보실 때 대속받지 못한 사람, 즉 대속을 받아들이지 않고, 그것이 자신에게 적용되지 않는다고 생각하는 사람을 보시면 그 도덕적 상황에서 공의는 그가 죽어야 한다고 말한다. 또한 하나님이 대속받은 죄인, 즉 믿음으로 자신이 대속받았음을 알고 그것을 받아들인 사람을 보실 때 공의는 그가 살아야 한다고 말한다!

의롭지 못한 죄인이 천국에 갈 수 없는 것처럼 의롭다 함을 받은 죄인은 지옥에 갈 수 없다. 오, 친구들이여, 왜 우리는 그렇게 가만히 있는가? 왜 우리는 그렇게 조용한가? 우리의 온 힘을 다해 기뻐하며 하나님께 감사해야 한다!

다시 말한다. 공의는 돌아오는 죄인의 편에 선다. 요한일서

1장 9절은 이렇게 말한다.

"만일 우리가 우리 죄를 자백하면 그는 미쁘시고 의로우사 우리 죄를 사하시며 우리를 모든 불의에서 깨끗하게 하실 것이요."

하나님의 십자가 고난의 신비가 우리의 도덕적 상황을 바꾸었기 때문에 공의는 이제 우리 편이다. 따라서 공의가 우리에게서 불공정이 아닌 공정함을 보기 때문에 우리는 의롭다 함을 받는다. 그것이 공의의 의미이다.

나는 믿음으로 의롭게 되는 것을 믿는가? 오, 나의 형제여, 나는 그것을 정말 믿는다! 다윗은 그것을 믿었고, 시편 32편에 기록했다. 그리고 후에 선지자 중 한 사람이 이를 인용했다. 바울이 그것을 택하여 갈라디아서와 로마서를 썼다. 그것은 한동안 사라졌고 버려졌다가 다시 전면에 등장하여 루터와 모라비아교회와 웨슬리파와 장로교들의 입으로 외쳐졌다.

"믿음으로 의롭다 함을 받는다."

우리는 오늘날 그것을 주장한다.

우리가 공의에 대해 이야기할 때는 단지 본문만 다루는 것이 아니다. 우리는 하나님이 누구신지 알아야 하며, 왜 이것들이 사실인지 알아야 한다. 우리가 믿음으로 의롭다 함을 받는 것은 하나님의 십자가 고난이 도덕적 상황을 바꾸었기 때문이다. 우리가 그 도덕적 상황이다. 하나님의 고통이 하나님을 바꾼 것이 아니다. 십자가 때문에 하나님이 찌푸린 얼굴을 펴시고 마지못해 미

소 짓기 시작하셨다는 사상은 이교도의 개념이지 기독교 사상이
아니다.

하나님은 하나이시다. 오직 한 분의 하나님이 존재하실 뿐만
아니라, 그 한 분이신 하나님은 일체이시며 결코 나눌 수 없는
단일한 분이시다. 또한 하나님의 자비는 곧 자비로우신 하나님
자신이다. 하나님의 공의는 곧 공의로우신 하나님이다. 하나님
의 사랑은 곧 사랑하시는 하나님이다. 그리고 하나님의 긍휼은
곧 긍휼히 여기시는 하나님이다. 그것은 하나님에게서 나오는
것이 아니라 하나님의 존재 자체이다!

변치 않으시는 하나님

어떻게 하나님이 공의로우시면서 죄인을 의롭다고 하실 수 있
는가? 세 번째 답이 있다. 긍휼은 선함에서 나오지만, 공의가 없
는 선함은 선함이 아니다. 당신은 선하면서 공정하지 않을 수
없으며, 하나님이 선하시다면 반드시 공의로우셔야만 한다. 하
나님이 악한 자를 벌하실 때 그것은 공정한 일이다. 왜냐하면
그것은 악인이 받을 응분의 대가와 일치하기 때문이다. 그러나
하나님이 악인을 용서하시는 것도 공정한 일이다. 그것은 하나
님의 본성과 일치하기 때문이다. 따라서 우리에겐 언제나 하나
님답게 행동하시는 성부, 성자, 성령 하나님이 계신다. 당신의
아내가 불평하고, 제일 친한 친구가 차갑게 굴고, 외국에서 전쟁

이 계속 일어나더라도, 하나님은 언제나 동일하시다. 언제나 하나님은 그분의 사랑과 공의, 자비의 속성에 따라 행하신다.

언제나, 언제나, 언제나 하나님은 하나님답게 행동하신다. 당신이 지하실 창문을 통해 천국에 몰래 들어가지 않을 테니 기쁘지 않은가? 몰래 학위를 사는 일부 설교자들처럼, 몰래 천국에 들어가지 않을 테니 기쁘지 않은가?

하나님의 부주의로 당신이 천국에 들어가는 일은 없을 테니 기쁘지 않은가? 이를테면 하나님이 세계를 경영하시느라 바쁘신 틈을 타 당신이 슬쩍 들어가는 것이다. 만약 그렇다면 당신이 그곳에 천 년을 있어도 하나님은 당신을 보지 못하신다!

단지 교회에 등록함으로써 천국에 들어가지 않을 것이니 기쁘지 않은가? 하나님이 "그래, 정말 좋은 교회구나. 그 사람을 들여보내자"라고 말씀하셔서 들어간다면, 나중에 하나님이 당신의 형편없는 부분들을 발견하시면 당신은 쫓겨날지도 모른다!

혼인 예복을 입지 않고 결혼식에 참석한 남자의 비유가 있다. 그가 들어오자 사람들은 "어찌하여 예복을 입지 않고 여기 들어왔느냐?"라고 하면서 그를 쫓아냈다. 그의 손발을 묶어 바깥 어두운 데에 내던졌다(마 22:11-13 참조). 하나님나라에서는 이런 일은 없을 것이다. 왜냐하면 모든 지혜를 가지신 하나님은 모든 것을 아시기 때문이다. 그분은 모든 사람을 아신다. 즉, 당신을 아신다. 또한 모든 공의의 하나님은 자격 없는 사람이 그곳에 들어오는 것을 결코 허용하지 않으실 것이다. 엘리야는 "너희가 어느 때까지 둘 사이에서 머뭇머뭇 하려느냐?"라고 말했다(왕상 18:21). 그것은 부당한 것이다. 또한 부당한 사람은 결코 천국에 들어가지 못할 것이다. 결코!

베드로가 천국의 수문장으로 우리에게 천국에 들어갈 자격이 있는지 시험한다는 이야기들은 다 엉터리다! 위대하시고 전능하신 하나님, 언제나 하나이신 하나님은 도덕적 상황을 보시고 '죽음' 아니면 '생명'으로 판결을 내리신다. 하나님의 모든 것은 죽음 아니면 생명의 편에 있다. 부정하고, 부당하고, 속죄받지 않고, 정결함을 받지 않고, 보호받지 못하는 죄인이 죄 가운데 있다면 답은 하나다. 하나님의 모든 것이 죽음과 지옥을 말한다. 그러면 온 하늘이 나선다 해도 그를 끌어올릴 수 없다.

그러나 그가 가슴을 치며 "하나님이여 불쌍히 여기소서 나는 죄인이로소이다"(눅 18:13)라고 말하며 하나님이 십자가에서 겪으신 고통으로 베푸시는 무한한 은혜를 받는다면, 하나님은 그 도덕적 상태를 보시고 "생명!"이라고 말씀하신다. 그렇게 되면 지옥의 모든 것이 나선다 해도 그 사람을 끌어내릴 수 없다.

오, 하나님 존재의 경이로움과 신비와 영광이여!

💬 깊이 생각하기

1. 그리스도의 희생적 죽음이 무한하고, 전능하고, 완전한 것이었음을 알 때 그것이 당신의 죄와 하나님의 용서를 바라보는 관점에 어떤 영향을 미치는가?

2. 왜 많은 사람들은 예수님의 십자가 죽음이 하나님을 분노의 하나님에서 사랑의 하나님으로 변화시켰다고 생각할까? 토저는 이와 관련하여 우리가 하나님을 올바른 시각으로 바라보도록 어떻게 도와주는가?

* *Attributes of God, Volume 1*
 Christian Publications, 2003; WingSpread Publishers, 2007, 재출간.

CHAPTER 11

하나님과 사람 사이에
서시다

한 번 죽는 것은 사람에게 정해진 것이요 그 후에는 심판이 있으리니
이와 같이 그리스도도 많은 사람의 죄를 담당하시려고
단번에 드리신 바 되셨고 구원에 이르게 하기 위하여
죄와 상관 없이 자기를 바라는 자들에게 두 번째 나타나시리라

히 9:27,28

성경이 두 종류의 죽음에 대해 말하는 것을 모르는 듯한 사람이 너무 많아서 놀랍다. 우리는 육체적 죽음이 세상에 태어난 모든 사람에게 닥치는 현실이라고 말하는 성경을 믿는다. 그러나 또한 우리 가운데 영적 죽음으로 묘사되는 매우 분명한 상태가 있다. 그것은 에덴동산과 우리의 첫 조상을 향한 하나님의 경고로 거슬러 올라간다.

"동산 각종 나무의 열매는 네가 임의로 먹되 선악을 알게 하는 나무의 열매는 먹지 말라 네가 먹는 날에는 반드시 죽으리라"(창 2:16,17).

아담과 하와는 그 경고에 주의를 기울이지 않았다. 그들은 금지된 열매를 먹었다. 그리고 불순종과 고집으로 하나님의 법을 어긴 그날, 그들은 영적으로 죽었다.

죽음은 소멸이 아니다. 죽음은 존재의 끝이 아니다. 죽음은 존재의 다른 형태로 변화된 관계이다.

하나님의 피조물인 사탄은 교만과 불순종으로 반항할 때 "내가 일어나 내 보좌를 하나님의 보좌 위에 둘 것이다!"라고 말했다. 그리고 바로 그 자리에서 사탄은 죽었다. 하지만 그가 더 이상 존재하지 않는 것은 아니다. 하나님은 그를 천국에서, 하나님 자신과의 교제에서 쫓아내셨다. 그를 세상으로 던지신 것이다. 오랜 세월이 지난 후, 사탄은 여전히 여기에 있다. 그는 소멸되지 않았고, 그의 영원한 심판은 아직 오지 않았다.

사람들은 영적 죽음의 사실을 무시하려 한다. 성경은 그렇지 않다. 바울은 그 주제에 관하여 고전적인 한 문장으로 설명한다. 그는 여자들에게 "향락을 좋아하는 자는 살았으나 죽었느니라"(딤전 5:6)라고 말한다. 그녀는 육체적으로 죽지 않았으나 영적으로는 하나님으로부터 단절되었다. 그녀의 존재 형태가 그러하므로 그녀는 하나님과 관련이 없고 하나님으로부터 분리되었다.

사도는 또한 우리에게 죽음이 죄의 무서운 결과 중 하나라고 경고한다. 죄가 세상에 들어왔고 그와 함께 죽음도 가져왔다. 죄를 짓는 영혼은 죽을 것이다. 성경이 그렇게 선언한다.

죄는 사망으로 끝난다

앞에서 인용한 히브리서 말씀에서 볼 수 있는 또 한 가지 사실은 하나님께서는 죄를 다루는 매우 간단한 방법을 알고 계시다는 것이다. 하나님은 죽음으로 죄를 끝내신다! 나는 악명 높은 갱이었던 존 딜린저(John Dillinger, 미국의 대공황 시절에 악명 높았던 은행 강도)가 쫓기고 있을 때 시카고에 살고 있었다. 경찰은 그가 권총을 소지했기에 위험하다는 경고와 함께 딜린저의 사진을 담은 전단지를 배포했다. 그의 얼굴은 언제나 냉소적이고 빈정대는 미소가 감돌고 있었다. 그러나 마지막 사진은 그가 죄짓는 것을 멈추었다는 사실을 보여주었다. 그는 등을 대고 누워 있었다. 그는 시트로 덮여 있었다. 딜린저는 죽었다.

죄는 죽음으로 끝난다. 어떤 사람이 죽으면 더 이상 죄를 짓지 않을 것이다. 그것이 바로 죄를 종결시키는 하나님의 방법이다. 곧 죽음이 죄를 끝내게 하는 것이다.

하나님의 말씀은 죄로 오염된 삶이 곧 박탈당한 삶임을 명확히 밝힌다. 죄를 범하는 영혼은 죽을 것이다. 우리가 결코 완전히 이해하지 못할 불가사의는 하나님이 우리의 박탈당한 삶을 구원하길 원하셨다는 것이다. 그래서 하나님은 우리 대신 거룩한 구세주의 피를 흘리게 하셨다. 피와 생명은 신비롭고 필수적인 관계이기 때문에 반드시 피의 대속이 필요하다는 것을 주목하라.

예수 그리스도의 보혈은 무한한 가치가 있다. 피 흘림은 생명을 잃는다는 것을 나타낸다. 영원한 아들, 하나님의 어린양이신 예수 그리스도의 보혈로 우리의 죄 된 행위들이 사함을 받을 수 있다.

우리는 이 영적 진리를 경건한 마음으로 깊이 묵상해야 한다. 우리의 구속의 대가에 대해 너무 막연하게 이야기하는가? 솔직히 나는 누군가 그리스도가 우리의 빚을 갚아주시고 우리를 되사신 것에 대해 말하는 것을 들으면 약간 움찔한다. 때때로 우리는 그것이 사업상 거래에 지나지 않은 것처럼 말한다. 하지만 나는 마치 우리가 가축 품평회에서 소나 말을 되사는 것처럼 하나님이 우리를 구속하신다고 생각하고 싶지 않다. 우리를 구속하기 위한 하나님의 계획 안에는 더 높고 거룩하며 더 달콤하고 아름다운 것이 있다.

구약시대에 짐승의 피를 흘려서 제물로 바친 것은 의식적 상징의 차원에서 유효했다. 그러나 예수 그리스도의 죽음은 실제로, 그리고 영원히 유효하다('유효하다'라는 말은 신학자들이 즐겨 사용하는 표현이다. 그것은 '효과가 있다'는 뜻이다. 그것은 유효하다. 당신은 그것을 믿을 수 있다). 예수님이 갈보리에서 보혈을 흘리셨을 때, 그분을 믿는 모든 사람에게 영원한 구속을 약속하셨다.

피와 생명은 하나다. 피가 쏟아졌을 때, 하나님의 영원한 아들 예수 그리스도가 죽으셨을 때 그의 죽음은 대속적 죽음이 되었다('대속적'이라는 단어도 짧은 설명이 필요하다. 대속적 행위는 다

른 누군가의 죄를 대신하여 속하는 것이다. 예수님이 갈보리에서 죽으
셨을 때 그것은 대속적 죽음이었다. 예수님은 죄가 없으신 분으로 많
은 죄인들을 위해 대신하여 죽으신 것이다).

죄악된 인간들을 위한 예수 그리스도의 대속적, 대리적 죽음
은 기독교 신앙의 기반이 된다. 자기가 하나님의 길보다 더 좋
은 길을 발견할 수 있다고 믿는 사람들은 이 진리를 좋아하지
않는다. 하지만 다른 길은 없다. 예수님이 유일한 길이시다.

하나님과 화목하게 되었다

당신이 믿고, 의지하며, 기뻐하는 그리스도인이라면 아무도
당신에게서 이 확신과 위안을 빼앗아가지 못하게 하라. 아무도
이 기본 진리를 수정하거나 바꾸지 못하게 하라. 사람들은 이
진리를 철학이나 문학, 예술 또는 종교에 좀 더 부합하게 만들려
할 것이다. 그러지 못하게 하라. 이 놀라운 진리가 당당하게 그
아름다움과 효력을 나타내게 하라. 그리스도는 죽으셨다. 자신
의 생명을 내어주심으로 대신 죽으셨다!

그리스도의 대속적 죽음 안에서, 하나님의 거룩함과 공의가
충족되었다. 우리가 믿음으로 하나님께 나아왔기 때문에 하나
님은 더 이상 우리를 나무라지 않으신다. 우리는 오직 우리 구
세주이자 주이신 예수님의 대속적이고 유효한 죽음을 우리의 가
치로 내세웠다. 또한 우리가 믿었을 때 사망의 힘이 깨어진 것을

보았다.

히브리서 기자는 예수님이 새 언약의 중보자, 즉 새 언약의 집행자가 되셨다고 말한다. 하나님의 은혜와 자비 안에 있는 새 언약을 말하는 것이다. '중보자'(mediator)라는 단어는 '중보하다'(mediate)라는 말에서 나왔다. 중보자는 화해가 필요한 두 편 사이에 서 있는 사람이다.

성경은 죄악된 인간이 거룩한 하나님으로부터 얼마나 멀어져 있는지 알려준다. 죄는 둘 사이에 거대한 수렁을 팠다. 그래서 그리스도께서 중보자가 되셨다. 죽음으로 자신을 내어주심으로써 예수님은 하나님과 죄인들 사이에 서 계신다. 그분은 죽음으로 하나님의 언약을 효력 있게 만드셨다.

하나님이 맺으신 그 언약은 우리와 하나님 사이의 화목을 보증한다. 우리는 하나님과 화목하게 되었다! 하나님의 은혜로운 새 언약, 그분의 계약서가 용서를 보증한다. 우리는 믿음으로 회복되어 하나님의 집에 들어갈 것이다.

하나님의 유언장에 언급된 자들

개념은 단순하지만 우리의 거룩한 유산과 관련하여 심오한 의미가 있는 또 한 가지 사실이 있다. 주 예수님이 살아 계시는 동안 하나님의 새 언약과 우리를 위한 새 뜻은 효력을 나타낼 수 없었다. 그것은 그리스도께서 죽으신 직후에 효력을 갖게 되었다. 유언자의 죽음은 죄 사함과 용서, 정결케 함, 교제, 그리고 영생의 약속을 즉시 가능하게 했다. 예수님의 갈보리 죽음의 결과로 하나님의 자녀들이 믿음으로 받게 된 유업은 정말 풍성하고 영원한 것이다.

유한한 인간에게는 이상하게 들릴 만한 이야기로 이 장을 마치려 한다. 자신의 유언을 유효하게 만들기 위해 죽고, 또다시 자신의 유언을 집행하는 자로 돌아온 사람은 아무도 없었다. 아무도. 항상 죽은 당사자가 아닌 살아 있는 다른 사람이 유언을 집행하고 남겨진 재산을 관리한다.

그러나 어떤 인간도 할 수 없었던 그 일을 하나님의 영원한 아들, 예수 그리스도께서 하셨다. 그분은 하나님의 은혜를 집행하는 영원한 일을 완수하셨다. 예수님은 모든 수혜자들에게 유언장의 조항들을 활성화하기 위해 죽으셨다. 그리고 그 유언을 집행하기 위해 죽음을 이기고 무덤에서 일어나셨다.

정말 아름답지 않은가? 예수님은 하나님의 뜻을 다른 누군가가 집행하게 하지 않으셨다. 예수님 자신이 집행자가 되셨다. 그분은 여러 번 이렇게 선언하셨다.

"나는 돌아올 것이다. 셋째 날 내가 다시 살아날 것이다!"

그분은 죽음에서 돌아오셨다. 정말로 셋째 날 부활하셨다. 그분은 자신의 백성들을 위해 유언장의 모든 조항들을 시행하기 위해 살아 계신다.

우리는 지금 하늘에서 우리의 위대한 대제사장으로 살아 계시는 주님을 계속 의지해야 한다. 자유주의 신학에는 우리를 믿음에서 떼어놓을 만큼 힘 있는 주장이 하나도 없다. 우리는 이 세상에서 산 소망을 갖고 있으며, 그 산 소망은 앞으로 다가올 세상에서도 똑같이 유효하다.

오, 그렇다. 나는 하나님의 새 유언장에 누가 언급이 되었는지 정확히 말해야겠다. 그 답은 그리스도의 대답과 초청에 있다. 누구든지!

"누구든지 원하는 자는 값없이 선물을 받으라."

아멘.

💬 깊이 생각하기

1. 왜 우리가 하나님을 믿으면 하나님이 더 이상 우리를 정죄하지 않으시는가?

2. 그리스도의 대속적 죽음에 대한 우리의 확신에 관한 토저의 설명을 어떻게 생각하는가?

3. 우리는 그리스도의 죽음으로부터 정확히 어떠한 유익을 받는가?

* *Jesus, Our Man in Glory*
 Christian Publications, 1987; WingSpread Publishers, 2009, 재출간.

CHAPTER 12

부활하신
주 예수

천사가 여자들에게 말하여 이르되 너희는 무서워하지 말라 십자가
에 못 박히신 예수를 너희가 찾는 줄을 내가 아노라 그가 여기 계시
지 않고 그가 말씀하시던 대로 살아나셨느니라 와서 그가 누우셨던
곳을 보라 또 빨리 가서 그의 제자들에게 이르되 그가 죽은 자 가운
데서 살아나셨고 너희보다 먼저 갈릴리로 가시나니 거기서 너희가
뵈오리라 하라 보라 내가 너희에게 일렀느니라 하거늘 마 28:5-7

오직 회한의 눈물로 십자가를 돌아보기만 하고 부활하신 그리
스도의 복된 생명 안에서 앞으로 나아가지 않는 교회는 '연민에
빠진 종교'에 지나지 않는다.

"나는 그것을 참지 못하겠다!", 즉 "이런 연민에 빠진 종교를
참을 수 없다"라고 말한 옛 작가의 말에 동의하지 않을 수 없다.

참된 영적 능력은 옛 십자가 안에 있지 않고 부활하신 주님의
영광스러운 승리 안에 있다. 그분은 죽음을 멸하신 후 "하늘과

땅의 모든 권세를 내게 주셨으니"(마 28:18)라고 선언하실 수 있었다.

그리스도인 형제들이여, 우리의 능력은 베들레헴의 말구유나 십자가의 유적에 있지 않으니 확신을 갖자.

신자의 능력은 영원한 영광의 승리에 있다!

십자가 위에서 죽으신 분은 연약함 가운데 죽으셨다. 성경은 이것을 우리에게 분명히 말하고 있다. 그러나 그는 능력으로 부활하셨다. 우리가 주님의 부활의 진리와 영광을, 또한 그분이 하나님의 우편에 앉아 계신다는 사실을 잊어버리거나 부인한다면 기독교 신앙의 중요한 의미를 모두 잃어버리는 것이다!

방향의 전환

예수 그리스도의 부활은 깜짝 놀랄 방향의 전환을 가져왔다. 부활의 아침에 관한 마태복음의 기록에서 전치사들의 방향을 보면 매우 흥미롭고 유익하다.

먼저, 여자들은 무덤으로(to) 왔다. 그들은 사랑으로 왔으나, 슬픔과 두려움 속에서 왔고, 애도하기 위해 왔다. 그것이 예수님이 죽음에서 부활하셨다는 사실을 알기 전 그들의 신앙의 방향이었다. 그들의 방향은 무덤, 즉 예수님의 시신이 묻힌 무덤을 향하고 있었다.

이들처럼 애도와 슬픔, 불확실성과 죽음에 대한 두려움만 알고서 여전히 무덤을 바라보고 있는 많은 사람들이 우리 주변 어디에나 있다.

그러나 그 역사적인 부활의 날, 신실한 여자들은 극적인 방향의 전환을 경험했다. 그들은 천사들이 전하는 소식을 들었고 그 증거를 보았다.

"그가 여기 계시지 않고 그가 말씀 하시던 대로 살아나셨느니라"(마 28:6).

그 거대한 돌이 옮겨졌고 그들은 완전히 텅 빈 무덤을 직접 볼 수 있었다.

"빨리 가서 제자들에게 말하자!"

그래서 성경은 그들이 즉시 무덤을 떠났다고 말한다.

얼마나 놀라운 방향의 전환인가! 그 기쁜 소식에 어떠한 변화가 일어났는가!

이제, 전치사는 '무덤으로'(to)가 아니라 '무덤으로부터'(from)이다. 방향이 갑자기 무덤에서 멀어진다. 이는 무덤이 비었고 오래전부터 지니고 있던 힘을 빼앗겼기 때문이다.

별안간 방향은 더 이상 끝을 향하지 않는다. 예수님이 죽음에서 다시 살아나셨고 곧 하나님의 우편에서 영화롭게 되실 것이므로 방향은 끝이 없는, 영생과 승리의 영원으로 전환된 것이다!

이것이 부활절의 메시지와 의미가 아니라면, 교회는 매년 피상적인 하루 축제에 참여하여 선명한 색채와 꽃들의 향기와 시와

봄철의 달콤한 감상에만 빠져 있는 것이다.

그리스도의 교회는 올바른 순으로 우선순위를 가져야 한다.

부활절은 단지 교회력에 속한 날로, 매년 그 자체를 목적으로 기념해야 하는 것, 한 주의 첫날 일찍 시작되어 자정에 끝나는 것이 아니다.

부활의 아침은 결코 끝나지 않았고, 우리 주 예수 그리스도가 다시 오실 때까지 끝나지 않을 거대하고 방대한 활동의 시작에 불과했다. 부활절과 부활, 부활하시고 승천하신 그리스도의 지상명령의 진실이 곧 오늘날 세상에서 그리스도의 교회가 갖는 중요한 선교적 우선순위의 진실이다.

그리스도의 부활과 빈 무덤의 진실은 복잡하고 계속되는 세상 신화의 한 부분이 아니다. 이것은 산타클로스 이야기가 아니다. 그것은 역사이며 사실이다.

그리스도의 교회가 예수 그리스도의 부활의 사실성과 역사성을 빼앗긴다면 아무 힘도 없고 소망도 없다. 예수 그리스도의 참된 교회는 반드시 그 일이 일어났다는 믿음과 진실에 기반을 두어야 한다. 실제 죽음이 있었고, 실제 무덤이 있었고, 실제 돌이 있었다. 하지만 하나님께 감사할지니, 통치하시는 아버지 하나님이 하늘에 계셨고, 천사가 돌을 굴리기 위해 보냄을 받았고, 부활하여 영광을 입은 몸으로 살아 계신 구세주는 그분의 제자들에게 "하늘과 땅의 모든 권세가 내게 주어졌다!"라고 선포하실 수 있었다.

그것이 우리의 비전이고 소망이기에, 우리 중 누구도 계속해서 주 예수 그리스도에 대한 동정심을 요구할 이유가 없다.

교회에게는 이것에 열중할 빛나고 매력적인 기회들이 너무 많이 주어졌다. "잠깐 십자가 옆에 무릎을 꿇고 눈물을 흘리자."

우리 주님이 순교자였고, 자신의 열정에 의한 희생자, 자신이 감당하기에 세상이 너무 크고 삶이 너무 버겁다는 걸 알게 된, 선한 의도를 가진 불쌍한 사람이었다고 생각하는 듯한 사람들에게 합류하는 것은 잘못이다. 너무나 많은 사람들이 여전히 예수님을 죽음으로 무력해져 맥없이 쓰러져가는 모습으로 묘사하고 있다.

왜 우리는 주님의 교회 안에서 상복을 입고 걸어 다니며 계속 무덤 앞에서 슬퍼해야 하는가? 성경의 기록은 주님이 그분의 말씀을 입증하기 위해 죽음에서 살아나셨다는 것을 명백히 보여주는데 말이다. 바로 "하늘과 땅의 모든 권세가 내게 주어졌다!"라는 말씀이다.

능력이 있는 곳

형제들이여, 예수님은 우리를 위해 죽으셨다. 하지만 부활하신 그때 이후로, 예수님은 능력의 예수님, 능력의 그리스도, 능력의 주님이 되셨다!

능력은 말구유 안의 아기에게 있지 않다.

능력은 힘없이 십자가에 못박힌 사람에게 있지 않다.

능력은 십자가 위에서 자신의 생명을 내어주신 분, 무덤에 들어갔다가 사흘 만에 부활하여 아버지의 우편에 계신 분께 있다.

바로 그곳에 능력이 있다.

우리가 할 일은 무덤 옆에서 애도하며 슬피 우는 것이 아니다.

우리가 할 일은 주님이 한때 기꺼이 무덤에 들어가려 하셨다는 사실에 대해 진심으로 하나님께 감사하는 것이다. 우리가 할 일은 십자가의 의미를 이해하고 부활이 하나님과 인간에게 갖는 의미를 이해하게 해주신 하나님께 감사하는 것이다.

우리는 부활이 그리스도의 모든 고난에 영광의 관을 씌워주었다는 점에서, 부활을 올바로 이해하고 있는가?

우리 주 예수 그리스도가 지금 아버지의 우편에 앉아 계시고, 절대적 위엄과 왕의 권능으로 앉아 계시며, 하늘과 땅의 모든 권세를 지배하신다는 것의 온전한 의미를 알고 있는가?

이렇게 응답하는 사람이 항상 있다.

"그렇지만 목사님, 무슨 근거로 그렇게 장담하실 수 있습니까? 그리스도가 온 세상을 통치하신다면 세상의 상태는 어떻게 된 건가요?"

"원자폭탄과 수소폭탄, 임박한 파멸은요?"

"만약 주께서 통치하신다면 왜 군비 경쟁이 계속되는 겁니까?

왜 중동의 상황은 계속 온 세계를 괴롭히는 겁니까?"

여기에 답이 있다. 그것은 예언적인 성경 말씀에 있다.

하나님은 온 세상을, 세상의 나라와 정부를 다루는 예언자적인 계획을 갖고 계신다. 하나님의 계획은 계속해서 하나님의 일정대로 이루어질 것이다. 하나님의 계획은 언제나 이스라엘이 팔레스타인으로 돌아올 것을 요구했다. 세상의 나라들은 거대한 장기판 같은 세상에서 자신의 자리를 찾아가고 있으며, 하나님은 완성되길 기다리고 계신다. 그리스도는 모든 능력을 갖고 계시지만 기다리신다. 그분의 놀라운 능력을 발휘할 때를 기다리고 계신다. 주님은 그 교회의 삶과 사역들 속에서 여러 방면으로 그분의 능력을 보여주고 계신다. 나는 주님의 교회가 참으로 주님이 하실 수 있는 일과 하실 일을 믿으면 주님이 그 무한한 능력을 행사하실 거라고 믿는다!

예수님이 "하늘과 땅의 모든 권세가 내게 주어졌다"라고 선언하셨을 때 그분을 따르는 자들이 무엇을 하기를 기대하셨겠는가? 그리스도의 몸 안에 있는 우리 모두에게 그것은 어떤 의미가 있는가?

그 답은 명백하다. 예수님은 "그러므로 가라!"고 하셨다.

'그러므로'라는 말은 모든 것을 연결 짓는 단어다. 그리스도에게 모든 능력이 주어졌다. 따라서 우리는 가서 복음을 전하며 열방을 제자로 삼아야 한다. 부활의 모든 의미는 결국 그리스도의 교회가 부활하신 구세주의 기대에 부응하기 위해 반드시 선교하는 교회가 되어야 한다는 사실로 귀결된다!

예수님은 영원히 살아 계시기 때문에 그분의 명령과 같은 맥락에서, 세상 끝 날까지 언제나 우리와 함께하실 거라고 약속하실 수 있었다.

그리스도인의 집에는 이 글귀가 쓰인 액자들이 많이 걸려 있다. "볼지어다 내가 세상 끝날까지 너희와 항상 함께 있으리라." 그러나 그것은 부분적인 인용에 불과하며, 중요한 의미들을 무시하는 것이다.

우리가 얼마나 교묘하게 나쁜 가르침의 칼을 빼서 마치 오렌지 껍질을 벗기듯이 문맥에서 작은 단락을 분리해내는지 알 것이다. 우리는 약속만 벗겨내서 그것을 우리의 좌우명과 달력에 붙여놓는다.

우리는 정직하게, 주님이 우리 모두에게 말씀하시고자 하는 바를 정확히 말씀하시게 하자.

주님의 말씀이 "볼지어다 내가 너희와 항상 함께 있으리라"였는가? 형제여, 정확하게는 그렇지 않다.

주님은 실제로 "그러므로 너희는 가서 모든 민족을 제자로 삼아 아버지와 아들과 성령의 이름으로 세례를 베풀고 내가 너희에게 분부한 모든 것을 가르쳐 지키게 하라 볼지어다 내가 세상 끝날까지 너희와 항상 함께 있으리라"(마 28:19, 20)라고 하셨다.

예수님은 말씀 그대로, 교회가 계속해서 선교적 책임을 충실히 행하면 확실히 주님이 그 교회 안에 계실 거라고 말씀하신 것이다.

예수 그리스도의 부활이 우리를 부활절 퍼레이드에서 가장 행복한 사람들로 만들어주는 것 이상의 의미가 있다고 말하는 이유가 거기에 있다.

칸타타를 듣고, "무덤에서 살아나셨네"라는 찬양을 함께 부르고, 꽃향기를 맡고, 그러고는 집에 가서 다 잊어버리는가?

아니, 당연히 그러면 안 된다!

부활을 증거하라

그것은 사실이며 명확하게 도덕적으로 적용되는 약속이다. 부활은 분명 주권적 의무의 모든 권한으로 우리를 붙잡고 있다.

그것은 그리스도의 교회가 가야 한다고 말한다. 즉 모든 세상으로 들어가, 모든 민족에게 가서 가르치라, 또는 "모든 열방 가운데 제자를 삼으라"라고 말한다.

따라서 그리스도의 부활에 관한 도덕적 의무는 선교적 의무이며, 메시지를 전하고 이야기를 들려주고 기도하며 중보하고 이지상명령을 위해 개인적, 재정적으로 헌신해야 할 책임이자 특권이다.

나는 왜 자칭 그리스도인들이 우리 주 예수 그리스도의 그 중요한 선교적 명령을 부수적인 것으로 밀어낼 수 있는지 나 자신에게 여러 번 질문해보았다.

나는 예수 그리스도가 주신 선교적 명령이 교회에 속한 것이 아니라 성경의 예언에 강조된 대환란의 날들 동안 수행될 거라고 가르치는 이들의 추론을 따를 수 없다.

많은 그리스도인이 주님의 부활의 능력을 경험하는 대신 부활절 축하 행사에 만족하게 만드는 마귀의 주된 기만 전략에 굴복할 수 없다. 우리 영혼의 대적은 그리스도인들이 부활절 행사에 유난을 떨고, 꽃장식과 칸타타에 중점을 두며, 설교자들이 부드러운 목소리와 촉촉이 젖은 눈으로 예수님을 세상에서 가장 뛰어난 영웅으로 나타내는 그런 상황에 매우 행복해한다. 마귀는 교회가 그리스도의 부활에 관한 온전한 진리를 전하지 않는 한, 눈에 보이는 온갖 것들에 만족할 것이다.

"그들이 단지 예수님을 위대한 영웅으로 만드는 것은 괜찮다. 그러나 예수님이 지금 권능의 자리에 앉아 계시고 나는 실제로 불쌍하고 두려움에 떠는 도망자라는 사실을 잠시라도 그들이 기억하는 걸 원치 않는다."

이것이 마귀의 논리다.

또한 그리스도인들이 예수 그리스도가 실제로 부활하셔서 영광 중에 아버지의 우편에 계시며, 때가 되면 하나님의 계시된 계획에 따라 그를 사슬로 묶어 던져버릴 권한과 권위를 갖고 계시다는 사실을 증거하는 대신 나무 옆에서 연민의 눈물을 흘리게 만드는 것이 그의 일이다.

마귀는 죽음이 더 이상 지배하지 못하고, 예수 그리스도가 하늘과 땅의 모든 권세를 받았으며, 지옥의 열쇠를 쥐고 계신다는 사실을 실제로 우리가 믿지 못하게 하려고 안간힘을 쓸 것이다.

언제 그리스도의 교회가 일어나 부활하시고 승천하신 구세주를 위해 공격 태세를 취할 것인가?

우리가 십자가의 온전한 의미를 알고 우리 자신의 삶 속에서 부활의 의미와 능력을 경험하게 될 때. 이것이 답이다. 예수님의 부활의 능력을 통해 우리는 영적 공세를 취할 것이다. 우리는 공격자가 되고, 우리의 증거와 증언은 복음을 가지고 땅 끝까지 이르는 긍정적인 힘이 된다.

우리는 예수 그리스도가 우리에게 오직 그분의 주되심에 굴복하고 명령에 순종하기를 요구하신다는 것을 언급함으로써 그 모든 것을 요약할 수 있다. 우리가 주님의 약속을 믿고 주님의 부활이 사실임을 증명하려 한다면 주께서 능력을 공급해주실 것이다.

그리스도의 이 약속들은 우리의 선교적 책임에서 부담감과 압박감을 제거해준다. 하나님의 성령이 젊은이들에게 그들의 선교적 책임에 대해 말씀해주시고 그들을 다루실 때, 그리스도는 가려고 준비하는 그들에게 그분의 임재와 능력을 확신시켜주신다.

"모든 능력이 나에게 주어졌다. 나는 더 이상 무덤 안에 있지 않다. 모든 권위와 능력으로 내가 너를 보호해줄 수 있고, 너를 지원해줄 수 있으며, 너보다 앞서갈 수 있고, 너의 증거와 사역에 능력이 나타나게 해줄 수 있다. 그러므로 가서 온 열방을 제자로 삼으라. 내가 너희와 함께할 것이다. 내가 너희를 떠나지 않고 버리지 않을 것이다!"

하나님이 없는 사람들은 전쟁이나 삶의 다른 상황들 속에서 홀로 고통당하며 홀로 죽는다. 홀로!

그러나 예수 그리스도의 십자가의 참된 군사라면 선교사 또는 진리를 전하는 자로서 절대 혼자 사역하러 간 적이 없을 것이다! 그리스도인 순교자들이 많이 있었지만, 그중 누구도 선교지에 홀로 있지 않았다. 밀림 속에서 자신의 목숨을 내놓은 선교사도 실제로 혼자가 아니었다. 예수 그리스도가 그의 손을 잡아주시고 다음 세상까지 승리로 그를 이끌어가신다는 약속을 지키시기 때문이다.

나의 친구여, 당신은 그것을 아는가? 부활절은 축하하는 날이 아니다. 그것은 이해하고 받아들여야 할 의무이다!

예수 그리스도가 살아 계시므로 우리가 매일 그분을 위해 해야 할 일이 있다. 우리는 종교적 무관심 속에서 가만히 앉아 있을 수 없다.

"하늘과 땅의 모든 권세를 내게 주셨으니 그러므로 너희는 가서 … 볼지어다 내가 세상 끝 날까지 너희와 항상 함께 있으리라"
라고 말씀하신 부활하신 주님을 우리는 온전히 믿을 수 있다.

💬 깊이 생각하기

1. 그리스도의 부활의 능력을 더 깊이 의식하고 산다면 당신의 삶은
   어떤 모습이겠는가?

2. 당신은 그리스도인의 사명이 부활과 연관이 있다고 생각하는가?
   이 지식이 당신 삶의 방식에 어떤 영향을 끼치는가?

3. 부활의 사실을 증거하는 것이 당신 삶 속에서 어떤 모습으로 나타
   날 것인가?

* *Tozer Speaks, Volume 2*
Christian Publications, 1994; WingSpread Publishers, 2010, 재출간.

CHAPTER 13

하늘에 오르셔서
보좌 우편에 앉으신 분

그들이 보는데 올려져가시니
구름이 그를 가리어 보이지 않게 하더라

행 1:9

예수 그리스도의 완전한 희생으로 우리가 죄 사함을 받고 깨끗해진 것은 복음의 일부분에 불과하다. 예수님은 죽으셨지만 죽음에서 부활하셨다. 또한 부활하신 후에 승천하셔서 하늘에 계신 하나님의 우편에 앉으셨다. 도덕성이 쇠퇴하고 하나님과 그분의 기름 부음을 받은 자에게 공공연히 반항하는 시대에, 우리는 위엄 있는 통치자가 영광 중에 거하신다는 이 계시 안에서 큰 위로를 받을 수 있다.

주님은 여전히 하늘의 보좌에 계신다. 천사들과 천사장들과 스랍과 그룹이 "거룩하다 거룩하다 거룩하다 주 하나님 곧 전능하신 이여"라고 천상의 찬양을 계속한다. 이것은 어떤 비주류 종교집단의 극단적인 개념이 아니다. 이는 예수님이 "죄를 정결하게 하는 일을 하시고 높은 곳에 계신 지극히 크신 이의 우편에 앉으셨느니라"(히 1:3)라는 하나님의 말씀에서 나온 것이다. 예수님은 아주 오래전부터 계시던 자리로 돌아가신 것이다.

하늘에 있는 실제 사람

나와 연락을 하며 지내온 성실한 그리스도의 일꾼이자 성경을 열심히 공부하는 사람이 있다. 그는 우리 기독교의 설교와 가르침이 부활하시고 승천하신 그리스도가 한 인간임을 좀 더 명확하게 밝히지 않는 사실을 안타까워한다. 그는 설교자들과 기독교 교사들에게 이런 질문을 했다. 그들 중 다수는 잘 알려져 있었다.

"당신은 지금 하나님의 우편에 계신 예수 그리스도가 한 인간이라고 믿습니까, 아니면 다른 존재라고 믿습니까?"

이 기독교 지도자들 가운데 예수님이 지금 영화롭게 된 인간이라고 믿는 사람은 극히 소수라고 알려져 있다. 그들은 예수님이 세상에 계시는 동안은 인간이었다고 믿지만, 지금은 영이라고 믿는 경향이 있다.

예수님은 죽음에서 부활하신 후 그분의 제자들에게 나타나셨다. 도마에게 그분의 살의 못자국을 만져보라고 하셨다. 두려워하는 제자들에게 하신 예수님의 말씀 안에 정말 복된 의미가 담겨 있다.

"내 손과 발을 보고 나인 줄 알라 또 나를 만져보라 영은 살과 뼈가 없으되 너희 보는 바와 같이 나는 있느니라"(눅 24:39).

현대인들이 인간 그리스도 예수의 승격에 동의하든 안 하든, 하나님의 가족에 속한 우리는 그분의 말씀을 들었고 신약성경이 이렇게 증거한다는 것을 안다.

"이 예수를 하나님이 살리신지라 우리가 다 이 일에 증인이로다 하나님이 오른손으로 예수를 높이시매 그가 약속하신 성령을 아버지께 받아서 너희가 보고 듣는 이것을 부어주셨느니라"(행 2:32-33).

사도 바울은 디모데에게 "하나님은 한 분이시요 또 하나님과 사람 사이에 중보자도 한 분이시니 곧 사람이신 그리스도 예수라 그가 모든 사람을 위하여 자기를 대속물로 주셨으니 기약이 이르러 주신 증거니라"(딤전 2:5,6)라고 말했다. 이것은 우리 시대의 기독교 신자들을 위한 위대한 승리로 간주되어야 한다. 예수님은 사람이시며 하나님의 우편에 앉아 계신다. 그것은 중요한 의미가 있다!

예수님과 연합하였다

예수님을 '승리하신 하나님'이라고 말하지 않는다. 즉, 하나님은 언제나 승리하신다. 통치자 하나님이 어떻게 승리하지 않을 수 있겠는가? 그보다 우리는 예수님 안에서 하늘에 속한 사람을 본 초기 기독교 신자들과 입장을 같이 한다. 예수님은 승리한 사람이며, 우리가 그분 안에 있다면 우리 또한 승리할 수 있다.

새로운 탄생, 중생의 기적을 통해 우리는 믿음으로 하나님나라에 들어가게 되었다. 그리스도인으로서 우리는 성육신의 신비 안에서 우리의 본성이 하나님의 본성에 연합하게 되었음을 알아야 한다. 예수님은 우리가 하나님의 마음속에서 예수님 자신과 같은 자리를 차지하고 있다는 것을 믿지 않는 사람들에게 알려주시려고 할 수 있는 모든 일을 다 하셨다. 그렇게 하시는 이유는 우리에게 그럴 만한 가치가 있어서가 아니라, 예수님이 가치가 있으시며 교회의 머리이시기 때문이다. 예수님은 하나님 앞에서 우리를 대표하는 대표자이시다.

예수님은 우리의 기독교 신앙과 교제에 있어 거울로 삼아야 할 본보기인 분이시다. 그것이 주께서 우리를 홀로 있게 하지 않으실 이유이다. 주님은 우리가 주변 세상보다 더 많은 것을 보는 눈을 갖게 해주기로 하셨다. 우리가 믿음의 눈으로 천국에 계신 하나님과 영광 중에 계신 인간으로서 예수님 자신이 그곳에서 통치하고 계신 것을 보게 해주기로 하셨다!

모든 진리를 믿으라

약간 반복적으로 들릴 수도 있겠지만, 나는 그리스도인들이 우리의 교리적 강조점들을 보도록 다시 한번 촉구하고 싶다.

진리의 힘을 알려면 그것을 강조해야 한다. 교리적 진리는 땅 속 깊은 곳에 묻힌 채 해방을 기다리고 있는 석탄이다. 그것을 파내어 거대한 엔진이 있는 연소실에 넣으면 몇백 년 동안 잠자고 있던 강력한 에너지가 빛과 열을 만들어내며 큰 공장의 기계가 생산적인 활동을 하게 할 것이다. 석탄에 관한 이론은 결코 바퀴를 굴리거나 난로를 데우지 못했다. 힘이 방출되어야 효력을 나타낼 수 있다.

그리스도의 구속 사역 안에서 주목해야 할 세 가지 주요 사건이 있다. 바로 예수님의 탄생과 죽음, 뒤이어 하나님의 우편으로 올라가신 것이다. 이것들은 기독교의 성전을 지탱하는 세 개의 주요 기둥들이다. 인류의 모든 소망, 끝없는 세상이 그것들에 의존하고 있다. 예수님이 하신 다른 모든 일은 이 세 가지 하나님다운 행위에서 의미를 갖게 된다.

우리는 반드시 이 모든 진리를 믿어야 한다. 여기서 중요한 질문은 어디에 강조점을 두어야 하는가다. 어떤 진리를 가장 예리하게 강조해야 하는가? 우리는 예수님을 바라보라는 권고를 받는다. 그런데 어디를 바라볼 것인가? 구유 안에 누이신 예수님? 십자가에 달리신 예수님? 보좌에 계신 예수님? 이 질문들은 학문적인 것과 거리가 멀다. 우리가 올바른 답을 얻는 것은 우리에게 실제적으로 중요한 의미가 있다.

물론 우리는 구유와 십자가와 보좌를 우리의 전체적인 신조에 포함시켜야 한다. 이 세 가지 대상이 상징하는 모든 것을 믿음의 눈으로 보아야 한다. 기독교의 복음을 제대로 이해하려면 그 모두가 반드시 필요하다. 우리의 신조에서 한 가지 교리도 버리거나 심지어 완화해서는 안 된다. 각각의 것들은 생명의 끈으로 다른 것들과 연결되어 있기 때문이다.

모든 진리는 항상 존중되어야 하나, 모든 진리가 언제나 동등하게 강조되어야 하는 것은 아니다. 우리 주님은 주인의 집에 '때를 따라 먹을 양식'(눅 12:42)을 나누어준 신실하고 지혜로운 청지기에 대해 말씀하실 때 그러한 사실을 내비치셨다.

마리아는 첫아들을 낳아 강보에 싸서 구유에 눕혔다. 동방박사들이 경배하러 왔고, 목자들은 궁금해했으며, 천사들은 사람들을 향한 평화와 은혜를 노래했다. 이 장면을 모두 모아서 보면 순결하게 아름답고, 매우 놀랍고도 섬세하여, 세상 문학 어디에서도 그러한 것을 찾아볼 수 없다. 왜 그리스도인들이 구유와 온화한 눈을 가진 동정녀와 어린 시절의 그리스도를 그렇게 강조해왔는지 그 이유를 알기란 어렵지 않다. 어떤 기독교 단체들은 구유 안의 아기에게 주된 강조점을 둔다. 왜 그런지 이해할 수는 있으나, 그럼에도 불구하고 그 강조점은 적절치 않다.

그리스도는 인간이 되기 위해 태어나셨고, 많은 사람의 대속물로 자기 목숨을 내어주기 위해 인간이 되셨다. 탄생이나 죽음은 그 자체로 목적이 아니었다. 예수님은 죽기 위해 태어나셨던 것처럼 죄를 대속하기 위해 죽으셨고, 그분 안에서 피난처를 찾는 모든 이들을 값없이 의롭게 해주시려고 부활하셨다. 예수님의 탄생과 죽음은 역사다. 예수님이 속죄소에 등장하시는 것은 과거의 역사가 아니라 현재에도 계속되는 사실이며, 지각 있는 그리스도인에게는 믿는 마음으로 누릴 수 있는 가장 영광스러운 사실이다.

그리스도가 계신 곳을 바라보기

구유에는 연약함이 있고, 십자가에는 죽음이 있고, 보좌에는 능력이 있다는 것을 기억하라. 우리의 그리스도는 구유 안에 있지 않다. 실로 신약의 신학은 어디에서도 어린 시절의 그리스도를 구원 신앙의 대상으로 제시하지 않는다. 구유에서 멈추는 복음은 다른 복음이며 전혀 좋은 소식이 아니다.

여전히 구유를 중심으로 모이는 교회는 연약하고 촉촉이 젖은 눈으로 성령의 능력에 대해 잘못된 감상에 빠질 수 있다.

이제는 베들레헴 구유 안에 아기가 없는 것처럼 예루살렘의 십자가에도 아무도 없다. 구유 안의 아기나 십자가에 달린 사람을 경배하는 것은 하나님의 구속 과정을 역전시키고 하나님의 영원한 목적들을 되돌리는 것이다. 교회가 십자가에 주된 강조점을 두면 비관주의, 우울함, 헛된 회한만 남을 뿐이다. 아픈 사람이 십자가상을 끌어안은 채 죽게 내버려 두면 우리에게 무엇이 남겠는가? 침대에 누워 있는 죽은 두 사람은 어느 쪽도 서로를 도울 수 없다.

기독교 신앙의 영광은 우리의 죄를 위해 죽으신 그리스도가 우리를 의롭게 하기 위해 다시 살아나셨다는 것이다. 우리는 기쁘게 예수님의 탄생을 기억하고, 감사하며 예수님의 죽음을 회상해야 하지만, 우리의 모든 소망의 면류관은 아버지의 우편에 계신 예수께 있다.

바울은 십자가를 기뻐했고 그리스도와 그분의 십자가 외에는 어떤 것도 전하지 않기로 했으나, 그에게 십자가는 그리스도의 전체적인 구속 사역을 의미했다. 바울은 그의 서신서에 성육신과 십자가에 대해 기록하지만, 구유나 십자가에서 멈추지 않고 계속해서 우리의 생각이 부활을 향하게 하고 승천과 하늘 보좌를 향하게 한다.

"하늘과 땅의 모든 권세를 내게 주셨으니"(마 28:18)라고 부활하신 주께서 높은 곳에 올라가시기 전에 말씀하셨다. 그리고 최초의 그리스도인들은 그분을 믿고 그분의 승리를 전하기 위해 나아갔다.

"사도들이 큰 권능으로 주 예수의 부활을 증언하니 무리가 큰 은혜를 받아"(행 4:33).

교회가 구유의 연약함과 십자가의 죽음에서 보좌에 앉으신 그리스도의 생명과 능력으로 강조점을 옮긴다면, 아마 잃어버린 영광을 되찾을 수 있을 것이다. 그것은 시도해볼 가치가 있다.

💬 깊이 생각하기

1. 예수님이 실제 인간으로서 하늘에 계시다는 사실이 왜 중요한가?

2. 이 장에서 토저가 예수님에 대해 설명한 내용이 예수님과 그분이 하시는 일에 대한 당신의 인식을 어떻게 변화시키는가?

3. 우리의 모든 소망이 세 개의 주요 기둥 위에 세워진다면, 그리스도가 하늘로 올라가신 사건은 우리에게 어떠한 소망을 주는가?

4. 그리스도와 그분의 사역에 대한 당신의 생각이 바뀔 필요가 있는가?

* *Jesus, Our Man in Glory: Warfare of the Spirit*
  Christian Publications, 1193; WingSpread Publishers, 2006, 재출간.

CHAPTER 14

대제사장
예수 그리스도

그러므로 우리에게 큰 대제사장이 계시니 승천하신 이
곧 하나님의 아들 예수시라 우리가 믿는 도리를 굳게 잡을지어다

히 4:14

죄악 되고 불완전한 인간의 제사장이 우리 주 예수 그리스도의
죽음과 승리의 부활을 따라 장막을 보수하고 계속해서 하나님
과 인간 사이에서 중재하는 직분을 수행하려 하는 것은 절대 하
나님의 계획에 포함된 것이 아니었다. 히브리서는 그 사실을 매
우 명백히 밝힌다. 예수님이 죽은 자 가운데서 살아나셨을 때
옛 언약 아래서 이스라엘을 섬겨왔던 레위인 제사장은 불필요해
졌다.

영원한 대제사장과 죄 없는 중보자에 대한 하나님의 더 나은
계획 또한 히브리서에 명백히 나타나 있다. 하늘에 계신 전능자

의 우편에서 영화롭게 되신 예수님이 이제 우리의 영원한 대제사
장이시다. 그분의 제사장직은 아론과 레위의 반차를 따르지 않
고, 다만 영원히 지속되는 멜기세덱의 제사장직을 따른다.

다음은 잃어버린 인류를 위한 예수 그리스도의 완성된 사역에
기반을 둔 더 좋은 언약, 더 좋은 제사장직, 더 좋은 소망에 관
한 히브리서 메시지의 절정 부분이다.

예수께서 멜기세덱의 반차를 따라 영원히 대제사장이 되어 … 제사
직분이 바꾸어졌은즉 율법도 반드시 바꾸어지리니 … 전에 있던 계
명은 연약하고 무익하므로 폐하고 (율법은 아무것도 온전하게 못
할지라) 이에 더 좋은 소망이 생기니 이것으로 우리가 하나님께 가
까이 가느니라 … 저 첫 언약이 무흠하였더라면 둘째 것을 요구할
일이 없었으려니와 히 6:20 ; 7:12,18,19 ; 8:7

모세와 아론과 레위 자손들의 시대보다 훨씬 더 전에, 창세기
의 기록은 신비로우면서도 매력적인 인물, 멜기세덱의 등장을 언
급한다. 멜기세덱은 살렘의 왕이자 가장 높으신 하나님의 제사
장이었다. 아브라함이 그의 조카, 롯을 구하고 돌아왔을 때 멜
기세덱이 그에게 인사하며 축복해주었다. 그리고 아브라함은
자기가 되찾은 모든 것의 십분의 일을 멜기세덱에게 주었다(창
14:17-20).

멜기세덱은 창세기에 아주 짧게 등장하며, 구약의 역사에는 더 이상 설명이 없다. 그 외의 정보는 히브리서 기자가 제공해준다. 그가 멜기세덱을 "아버지도 없고 어머니도 없고 족보도 없고 시작한 날도 없고 생명의 끝도 없어"(히 7:3)라고 언급할 때, 저자는 멜기세덱에게 '계보'가 없고 그의 태생을 추적해볼 수 있는 족보가 없다고 말하고 있는 것이다. 간단히 말하면, 우리는 그가 어디서 왔는지 알지 못한다.

멜기세덱은 시편 110편에 이르러서야 다시 언급된다. 거기서 그는 이스라엘의 국가 발전 속에 등장할 하나님의 영원한 제사장의 유형으로 언급된다.

유대인들은 족보에 대해 매우 세심하다. 이스라엘의 아들이나 딸들은 각각 자신의 혈통을 거슬러 아브라함까지 올라갈 수 있다. 그러므로 이스라엘의 후세대들이 계보를 추적할 수 없는 제사장, 멜기세덱에 대한 언급을 어떻게 다루어야 할지 몰랐던 것은 너무나 분명하다.

모든 유대인이 그토록 빈틈없이 자신들의 혈통을 지키고 영원한 기록으로 남겨 보존하려 했던 이유는 메시아의 오심에 대한 그들의 소망과 연관이 있었다. 그들은 그 예언들을 알고 있었다. 메시아가 마침내 나타나면, 아브라함부터 다윗 왕을 거쳐 그들의 부모에게까지 이르는 계보를 입증해야 할 것이다.

신약성경의 복음서에서, 마태는 유대의 관습에 따라 예수 그리스도의 계보에 관한 전체 기록을 독자들에게 제공하려고 애쓴다. 그는 아브라함, 이삭, 야곱에서 시작하여 다윗과 솔로몬을 거쳐 또 다른 야곱까지 계보를 이어가 "야곱은 마리아의 남편 요셉을 낳았으니 마리아에게서 그리스도라 칭하는 예수가 나시니라"(마 1:16)라는 구절로 마무리를 짓는다.

유대 족보의 중요성을 고려할 때, 그렇게 주의를 기울여 보존해왔던 모든 기록들이 AD 70년 로마에 의한 예루살렘 멸망으로 사라져버린 것은 매우 중요한 의미가 있다. 역사가들은 그렇게 믿고 있다. 예수님은 구속주이자 메시아로 오셨다. 이스라엘은 그분을 배척하고, 십자가에 못 박았다. 그러나 다른 이는 있을 수 없었다. 아무도 아브라함과 다윗으로부터 내려온 혈통의 증거를 제시할 수 없었을 것이다.

예수님, 부활하시고 승천하신 하나님의 아들이 이스라엘의 마지막 소망이었고, 지금도 그렇다.

한없이 더 좋은 제사장직

히브리서의 이 부분에서 가르치는 것들을 고려할 때, 우리는 무언가를 사고하기 위해 준비해야 한다. 우리는 모든 것이 간결하고 이해하기 쉽게 정리된 것을 원하는 세대에 살고 있다. 하지만 여기서 우리는 약간의 생각을 해야 한다. 그리고 마침내 우리가 도달하는 깨달음은 충분히 노력의 가치가 있을 것이다.

서신의 이 부분에서, 기자는 당대에 불안해하는 히브리 그리스도인들에게 세 가지 사실을 명백히 알려주려 한다.

첫째, 그는 하나님께서 모세의 율법과 레위인의 제사장직을 영구적이고 완전한 제도로 세우신 것이 아니었다고 선언한다.

둘째, 그는 영원하시고 죄 없으신 하나님의 아들이 영화롭게 되어 하나님의 우편에 앉으심으로 확증된 그분의 탁월하고 영속적인 제사장직에 관하여 신자들에게 확신을 주기 위해 오셨다는 것을 명백히 밝힌다.

셋째, 그는 죄인들을 위한 구원 계획이 레위 제사장들이 바친 세상의 제물에 근거하는 것이 아니라 기꺼이 하나님의 어린양 제물이 되려 했던 영원한 하나님의 아들, 예수님의 영원한 희생과 대제사장으로서의 중보에 근거한 것임을 독자들이 알기 원한다.

이 서신에 나타난 비교를 보면, 구약성경에 있는 모세 율법의 항목들과 레위 제사장직의 체제는 상호의존적임을 알 수 있다. 따라서 제사장직이 없어질 때 모세 율법도 사라졌다. 기자의 요약은 명백하다.

"전에 있던 계명은 연약하고 무익하므로 폐하고 (율법은 아무 것도 온전하게 못 할지라) 이에 더 좋은 소망이 생기니 이것으로 우리가 하나님께 가까이 가느니라"(히 7:18,19).

그리스도 안에서 자유함

이 모든 것은 그리스도인의 삶과 신앙에 있어 우리에게 무슨 의미가 있는가? 감사하게도, 그것은 우리가 모세를 통해 주어진 율법들의 그늘 아래 서 있지 않다는 것을 의미한다. 우리는 온전치 못한 구약 유대인의 제사장직과 중재의 그늘 아래 서 있지 않다. 대신, 예수 그리스도의 빛과 권위 안에 서 있다. 그분은 구약의 모든 제사장들보다 뛰어나시다. 탁월한 제사에 근거한 새 언약의 도입으로 율법을 완성하셨다.

우리의 구주이자 중보자이신 예수님의 보혈로 확정된 이 새 언약은 우리에게 위대한 영적 자유를 소개해준다. 우리는 매일 기뻐해야 한다. 그 누구도 우리에게 옛 율법의 짐을 지울 수 없다. 이스라엘이 완수하지 못했던 율법 말이다.

갈라디아교회에 보내는 서신에서 바울은 바로 이 문제를 다루었다. 그는 하나님의 은혜와 믿음으로 의롭게 되는 것의 원리를 매우 효율적으로 설명한다. 그는 갈라디아의 그리스도인들을 따라다니며 그들을 유대인으로 만들려고 했던 자들을 비난한다.

"그리스도께서 우리로 자유롭게 하려고 자유를 주셨으니 그러므로 굳건하게 서서 다시는 종의 멍에를 메지 말라 … 율법 안에서 의롭다 함을 얻으려 하는 너희는 그리스도에게서 끊어지고 은혜에서 떨어진 자로다"(갈 5:1, 4).

우리 기독교 신자들은 영적 생명과 그리스도 안에서의 자유를 약속하는 신약성경의 말씀에 대해 항상 하나님께 감사해야 한다! 우리의 제물은 우리처럼 불완전한 제사장이 바치는 동물이 아니다. 우리의 제물은 세상 죄를 없애기 위해 자신을 바칠 수 있었고 기꺼이 바치신 하나님의 어린양이다. 우리의 제단은 옛 예루살렘에 있던 제단이 아니다. 우리의 제단은 예수님이 영원한 성령을 통해 하나님께 흠없는 자신을 바치신 갈보리다. 우리의 지성소는 보호 장막 뒤에 고립된, 손으로 지은 성전의 한 부분이 아니다. 우리의 지성소는 높임을 받으신 예수님이 높으신 하나님의 우편에 앉아 계신 하늘나라에 있다.

새로운 제물

두 제사장직의 비교를 주목해보라. 구약성경에서 섬기던 모든 제사장은 자신이 결국 은퇴하고 죽으리라는 것을 알았다. 각 제사장은 일시적이었다.

그러나 주 예수 그리스도 안에서 우리에겐 영원한 대제사장이 계신다. 그분은 죽음을 탐구하시고 정복하셨다. 그분은 다시 죽지 않으실 것이다. 영원히 제사장으로 계실 것이며, 결코 변하지 않으실 것이다! 바로 그 이유로, 성경 기자는 예수님이 "자기를 힘입어 하나님께 나아가는 자들을 온전히 구원하실 수 있으니 이는 그가 항상 살아 계셔서 그들을 위하여 간구하심이라"(히 7:25)라고 확신 있게 말한다.

우리는 구약시대 제사장 중재의 소멸이라는 주제에서 더 나아가기 전에, 예수님이 십자가에서 자신의 생명을 버리실 때 예루살렘 성전 안에서 일어난 이상하고 이례적인 사건을 언급하기 원한다. 예수님의 '영혼이 떠나가실'(요 19:30) 때 전능하신 하나님의 손가락이 성전의 가장 거룩한 곳에 이르러 무거운 휘장을 찢으셨다(마 27:51).

고대의 휘장은 그냥 장막이 아니었다. 그것은 특별한 휘장이었다. 매우 두껍고 무거워서 치우려면 몇 사람이 동원되어야 했다. 그런데 예수님이 돌아가실 때, 하나님의 손가락이 장막을 찢었다. 보이지 않는 하나님이 세상에 계실 때 거처가 되었던 장막을 말이다. 이로써 하나님은 인류와 하나님 자신 간의 새 언약과 새로운 관계의 시작을 나타내신 것이다. 하나님은 구 질서의 소멸과 권위와 효력과 중재가 새로운 체제로 이전되었음을 보여주셨다.

제사장직, 제사장, 옛 언약, 제단, 희생제물, 구약성경의 율법 체제와 관련된 모든 것들이 폐지되었다. 하나님은 그것을 쓸모없고, 힘없고, 권위가 없는 것으로 제거하셨다. 그 대신 하나님은 새로운 희생제물, 하나님의 어린양, 영원한 아들, 예수 그리스도를 세우셨다. 하나님은 또한 새롭고 효과적인 제단을 세우셨는데 이것은 하늘나라의 영원한 제단이며, 거기서 예수님은 하나님을 믿는 자녀들을 위해 중보하신다.

성전 휘장이 위에서부터 아래로 찢어졌을 때, 전통에 따라 레위인 제사장들은 그 길고 성스러운 휘장을 수선해야 한다고 결정을 내렸다. 그리고 그렇게 했다. 그들은 최선을 다해 꿰매 붙였다. 하나님이 새로운 체제를 제정하셨다는 것을 깨닫지 못한 채, 옛 제사 제도를 유지하려고 노력함으로써 세상의 관점을 취했다.

유대인들도 그들이 예배하는 이유를 제대로 알지 못한다는 사실을 보여주는 성경 진리들을 인용할 때 반유대주의라는 비난을 받지 않길 바란다. 우리 복음주의자들은 유대인을 미워하는 자들에게 공감하지 않는다. 성경과 하나님의 위대한 계획을 이해하는 우리는 유대인 친구들의 가치를 인정한다. 우리는 우호적이지 않은 세상에서 그들의 안녕을 염려한다.

게다가 우리는 이스라엘의 미래의 영광을 굳건히 믿는다. 하나님의 메시아가 돌아오실 때, 이스라엘이 그들의 땅에서 다시 믿음으로 섬기며 예배드릴 거라고 믿는다. 언젠가 다시 태어난 이스라엘이 밝게 빛날 날이 오고 있다고 믿는다. 하나님의 의의 말씀이 시온에서 나오고, 하나님의 말씀이 예루살렘에서 나올 것이다.

그러나 현재 유대인의 신앙에서는 생명이 사라졌다. 제단이 없다. 쉐키나의 영광과 임재가 없다. 죄를 위한 효험 있는 제사가 없다. 중재하는 제사장이 없고, 그가 사람들을 대신해 들어갈 지성소가 없다. 모든 것이 사라졌다. 쓸모없고, 힘없고, 더이상 권위가 없는 것으로 폐지되었다.

그 대신 하나님은 새로운 희생제물을 제정하시고 받아들이셨다. 바로 하나님의 어린양, 영원한 아들이다. 하나님은 새롭고 효험 있는 제단을 확고히 세우셨는데, 이것은 하늘나라에 있는 영원한 제단이다. 거기서 예수님은 하나님을 믿는 자들을 위해 중보자로 사신다. 하나님은 새로운 대제사장 예수, 영원한 아들을 임명하시고 받아들이셨으며, 그분을 하나님의 오른편에 앉히셨다.

내가 지금까지 말한 모든 것이 복잡해 보일 수도 있다. 하지만 이 정도는 우리가 이해해야 한다. 즉, 우리 주 예수님, 하나님의 그리스도이자 우리의 구세주는 영원히 사신다! 하나님이 영원하신 것처럼 예수 그리스도도 그러하시다.

또한 예수님은 우리를 위해 중보하기 위해 사신다! 예수님의 영원한 관심은 우리의 보증이 되는 것이다. 우리는 믿음과 기쁨으로 그것을 노래한다.

"보좌 앞에 내 보증인이 서 계시네. 내 이름이 그의 손바닥에 쓰여졌네."

그리고 우리는 찰스 웨슬리(Charles Wesley)의 비전과 마음에서 나온 그 감동적인 노래를 계속한다.

아버지께서 그의 기도를 들으시네.

하나님의 귀한 기름 부음 받은 자.

하나님은 그 아들의 존재를

외면하실 수 없네.

주의 성령이 보혈에 응답하시고

나를 하나님에게서 난 자라고 말씀해주시네.

우리가 하나님의 성도들의 안전을 믿는다고 서로 말할 수 있는 것은 그리스도의 한결같은 중보 덕분이다. 우리는 존 칼빈이 제기한 세부 조항들이 있었기 때문이 아니라 죽지 않으시는 영원한 분의 대제사장적인 중보 때문에 안전한 곳이 있다고 믿는다. 예수님은 하늘에 계신 아버지 앞에서 밤낮 우리의 이름을 부르신다. 우리가 아무리 연약할지라도 계속 살아 있는 이유는 예수 그리스도가 하늘에서 우리의 영원한 대제사장이 되시기 때문이다.

우리가 가는 곳

예수 그리스도에 대한 우리의 비전과 "그는 이제 끝났어!"라고 말하며 예수님을 처형하는 사람들의 비전은 얼마나 다른가! 우리의 비전은 부활하셔서, 승리하시고, 모든 능력과 지혜를 가지신 대제사장의 비전이다. 조용히, 당당하게, 예수님은 하나님을 믿는 자녀들의 보호와 승리를 위해 자신의 생명과 피의 가치를 주장하신다.

하나님의 보증의 그 은혜로운 의미들을 생각해보라. 하나님은 그분의 말씀에서, 우리의 구세주이자 중보자이신 예수님이 "자기를 힘입어 하나님께 나아가는 자들을 온전히(to the uttermost) 구원하실 수 있으니 이는 그가 항상 살아 계셔서 그들을 위하여 간구하심이라"(히 7:25)라고 선언하신다.

여기서 전치사 'to'를 'from'으로 바꾸는 설교자들이 있었다. 그들은 개개인의 죄인들이 무엇으로부터 구원을 받는지에 중점을 두고 구원을 설교했다.

나는 그 강조점에 진심으로 동의하지 않는다!

우리 주님은 아무도 배제하지 않는 초청을 하셨다. '누구든지'는 인류만큼 포괄적이다. 나는 하나님이 우리가 '어디에서 왔는지'에 모든 관심을 집중하신다고 믿지 않는다. 하나님은 우리가 '어디로 가고 있는지'에 관심을 가지신다. 우리가 가고 있는 그곳으로 가기 위해, 즉 영원히 하나님과 함께하기 위해 내린 결정은 하나님을 기쁘시게 하며 천사들을 기쁘게 한다.

어떤 기독교 사역자들은 인간의 죄악된 삶의 부정적인 면들을 생각하는 데 전 생애를 보냈다. "내가 얼마나 가망 없는 술꾼이었는지 말해주겠다!", "예배에 참석하여 무력한 마약 중독자가 되는 것이 어떤 것인지 말해주겠다!", "과거에 내가 아무짝에도 쓸모없고 아내에게 주먹을 휘두르는 사람이었을 때의 그 끔찍하고 비극적인 시간에 대해 말해주겠다!"

물론 그것은 우리가 용서받고, 거듭나고, 회심할 때 하나님이 그분의 자비와 은혜로 우리를 위해 하시는 은혜로운 일들이다. 그것은 실로 새로운 탄생이다! 하나님은 우리가 어떤 사람이었든지 간에 우리를 구원하신다.

그러나 하나님은 우리가 하나님을 찬양하고, 사람들에게 그리스도의 기이한 일들과 그분의 구원을 이야기하며 남은 생을 보내길 기대하신다. 하나님이 우리를 위해 계획하신 영원한 미래에 대한 좋은 소식을 우리가 퍼뜨리길 원하신다. 하나님을 사랑하고 순종하는 모든 이들을 위해 하나님이 예비하고 계신 영원한 거처를 우리가 다른 사람들에게 알리길 원하신다.

💬 깊이 생각하기

1. 당신은 어떤 면에서 그리스도 안에서 누리는 자유를 잃어버렸는가?

2. 예수님의 제사장 사역을 통해 즉시 하나님께 나아갈 수 있다는 것을 알고 당신의 삶을 살고 있는가?

3. 당신이 언젠가 그리스도와 함께 천국에 있을 거라는 확신을 더 주기적으로 묵상한다면 당신의 삶은 어떻게 달라질 것인가?

* *Jesus, Our Man in Glory*
Christian Publications, 1193; WingSpread Publishers, 2006, 재출간.

CHAPTER 15

우리와 항상
함께하신다

너희가 이 떡을 먹으며 이 잔을 마실 때마다
주의 죽으심을 그가 오실 때까지 전하는 것이니라 고전 11:26

놀랍게도 많은 사람들이 교회는 하나의 기관일 뿐이며, 성찬식
을 교회의 주기적인 의식 중 하나에 불과하다고 믿는 듯하다.
그러나 성경은 진정한 신약의 교회라면 사실상 기관이 아니라
공동체임을 명확히 밝힌다. 사전에 의하면 공동체는 같은 믿음
을 가진 그리스도인들의 몸이다. 나눔과 참여는 공동체의 정의
에 사용되는 다른 용어들이다.

전통과 용어와 정의에 상관없이, 우리가 주님의 식탁을 향해
갈 때 하는 기본적인 질문은 이것이다.

"우리는 우리의 거룩하신 주님과 부활하신 구세주의 임재를

알아보기 위해 함께 모였는가?"

형제들이여, 우리가 다음과 같이 고백할 수 있는 영적 성숙함과 지혜를 발견했다면 얼마나 놀라운 일인가!

"우리 회중은 우리 가운데 계신 예수님의 임재를 너무도 잘 알고 있으므로 우리의 모든 교제는 끊임없는 성찬식이다!"

이 교회 시대에 하나님의 임재를 알고 그분의 가까이 계심을 느끼려는 열망의 강한 매력에 이끌려 회중의 일부가 되는 것은 우리에게 얼마나 기쁜 경험인가!

그리스도의 임재와 성찬식

우리 주 예수 그리스도가 문자 그대로 이 세상에 그리스도의 몸으로 계신다는 것을 믿지 않는다면 성찬식은 우리에게 궁극적인 의미를 갖지 못할 것이다.

여기에 차이점이 있다. 즉 그리스도는 말 그대로 우리와 함께 계신다. 하지만 육체적으로 계시는 것은 아니다.

어떤 사람들은 자신들이 육체적으로 하나님의 임재에 가까이 다가간다고 생각하기 때문에 거의 두려움에 가까운 경외감을 가지고 성찬대에 다가간다. 하나님이 육체적으로 현존하신다고 상상하는 것은 잘못이다.

하나님은 구약성경의 불타는 덤불 속에 육체적으로 나타나지 않으셨던 것을 기억하라. 성막 안에서 천사들의 날개 사이에 계실 때나 낮의 구름기둥과 밤의 불기둥 안에 계실 때도 육체적으로 나타나지 않으셨다.

이 모든 경우에 하나님은 문자 그대로 임재하셨다.

그리고 오늘날 사람이 되신 하나님, 하나님이신 사람, 거룩한 계시의 초점이신 이 사람이 여기 계시다! 우리가 주님의 식탁을 향해 갈 때 주님을 참석시키려고 애쓸 필요가 없다. 그분은 여기 계시다!

그러나 주님은 우리에게 주님의 임재를 알고 분별하는 믿음을 가지고 올 것을 요구하신다. 그것은 우리가 "서로 용서하기를 하나님이 그리스도 안에서 너희를 용서하심과 같이" 할 수 있게 해주는 믿음이다(엡 4:32).

우리의 예배와 성찬식으로부터, 하나님은 구세주가 사랑으로 가까이 계심을 우리가 느낄 수 있기를 원하신다. 그것은 즉각적으로 베푸신 것이다!

세상에서 이와 같은 것은 없다. 즉 하나님의 영이 세례를 준비하고 계신데, 이것은 하늘과 땅을 창조하시고 온 세상을 손안에 두고 계신 하나님의 임재를 느끼게 해주는 것이다. 하나님의 임재의 느낌을 알면 우리의 일상생활이 완전히 달라질 것이다. 그것은 우리를 높여주고, 정결케 하며, 육신의 지배에서 벗어나 우리 삶이 지속적이고 빛나는 매력을 갖게 해줄 것이다!

여기서 나는 고린도교회에 보내는 바울의 메시지를 다시 언급하려 한다. 우리는 그 초대교회 성도들이 거룩하신 하나님의 임재를 의식하는 것 외에 다른 이유로 모였기 때문에 어려움이 있었던 것을 읽고 이해한다.

바울은 그들이 '주의 몸을 분별하지' 못하고 모였다고 했다.

나는 기독교 학문의 많은 자료를 찾아보았고, 이 말씀이 그들이 '주의 임재를 인식하지 못하고' 모였다는 것을 의미한다고 믿는 엘리코트(Ellicott)와 다른 주석가들의 의견에 동의한다.

그들은 떡과 포도주가 하나님이었다고 믿도록 요구받지 않았고, 다만 그리스도인들이 떡과 포도주를 대접하기 위해 모인 곳에 하나님이 임재하신다고 믿도록 요구받았다. 그들이 주님의 임재를 인정하려 하지 않았기 때문에 큰 영적 어려움에 빠져 있었던 것이다.

실제로 그들은 하나님 아들의 인격 안에서 나타나는 하나님을 발견하는 것이 아닌 다른 목적들을 위해 함께 모여 있었다!

그들에게 심판이 임한 이유는 그들이 너무 육체적이고, 너무 세속적이고, 너무 여론에 휩쓸리고, 너무 현세적이라서 그리스도인들이 모일 때 적어도 어떤 그리스인이 어린 암소를 성스러운 숲으로 데려갈 때 느꼈던 공경심은 가져야 한다는 걸 인식하지 못했기 때문이다. 그들은 최소한 어느 그리스 시인이 자신의 신을 위해 조용히 시를 지을 때 가졌던 공경심을 가져야만 했다. 그들이 함께 모일 땐 적어도 구약의 유대인 대제사장이 거룩한 성소에 다가가 속죄소에 피를 뿌릴 때 가졌던 공경심을 가져야 했다.

그러나 그들은 다른 태도를 지닌 채 왔다. 그들은 주의 임재 안에서 성찬을 받기 위해 오지 않았다. 따라서 성찬식의 목적과 의미는 모호해졌다.

요한계시록 2장과 3장에 나타나 있듯이 그것은 다른 교회들 안에서도 마찬가지였다.

그리스도를 기념하라

나는 오늘날 교회가 '인간' 안에서 나타나시는 하나님을 보고 듣고 느끼기 위해 함께 모이는 신자들의 공동체가 되어야 한다 고 말한다. 그 '인간'은 설교자나 장로나 집사가 아니라, 인자이 신 예수 그리스도이시다. 죽음에서 살아나셔서 영원히 살아 계 시는 그리스도이시다!

계시된 하나님의 말씀 속에서 예수 그리스도의 중심점으로부 터 성찬대를 분리하는 것은 불가능한 일이다.

어떤 사람들은 성찬식을 기념행사로 여긴다. 가장 좋은 의미 에서 우리가 성찬식에 올 때 기념하는 분은 우리 주 예수 그리스 도이다.

우리가 이 기념행사의 정신을 이해하려면 전치사가 붙은 다섯 개의 단어 안에서 그리스도, 인자의 관계를 주목해야 한다.

헌신

첫째, 우리는 그리스도의 '헌신'(devotion to)을 기념한다. 예를 들면, 아버지의 뜻에 대한 그리스도의 헌신에 주목하라.

우리 주 예수 그리스도에게는 부차적인 목적이 없으셨다. 그분 생의 한 가지 열정은 오로지 아버지의 뜻을 이루는 것이었다. 아마도 그리스도는 타락 이후 정확하게 이렇게 일컬을 수 있는 유일한 인간이었을 것이다. 다른 사람은 기껏해야 근사치에 이를 뿐이다. 사실대로 말하면, 아주 짧게라도 하나님의 뜻을 향한 집중이 흐트러졌던 것을 애석해하지 않은 사람은 아무도 없었을 것이다.

그러나 예수님은 아무런 혼란이나 일탈을 겪지 않으셨다. 아버지의 뜻이 언제나 예수님 앞에 있었고, 예수님이 헌신하신 것은 오로지 그것뿐이었다.

그 일환으로, 예수님은 타락한 인류를 구하는 일에 헌신하셨다. 그 일에 전적으로 몰입하셨다. 부업으로 여러 가지 다른 일들을 하지 않으셨다. 예수님은 그 한 가지만 하셨다! 예수님은 희생제물이 되는 일, 즉 인류를 구원하는 일에 헌신하셨다.

옛 침례교 선교협회 중 하나의 유명한 상징에 대해 이야기하는 것이 도움이 될지 모르겠다. 그들은 제단과 쟁기 사이에 조용히 서 있는 황소를 보여주었다. 그 밑에는 "둘 중 하나 혹은 둘 다 준비하라"라는 문구가 새겨져 있었다. '잠깐 밭을 갈다가 제단에서 죽으라, 또는 제단에서 죽기만 하거나 밭만 갈아라'라는 의미일 것이다.

그 상징의 의미는 마음의 준비였다. "둘 중 하나를 준비하거나 둘 다 준비하라." 나는 그것이 하나님의 뜻에 대한 복종을 묘사하는 가장 완벽한 상징 중 하나라고 생각한다. 또한 그것은 분명 우리 주 예수 그리스도를 묘사한다.

예수님은 먼저 세상에서 일하기 위한 준비를 하셨다. 즉 쟁기를 들고 일하신 것이다. 그리고 그 뒤에 희생제물이 되셨다. 다른 부수적인 관심 없이, 확고한 목적을 가지고, 거의 정확하게 십자가를 향해 나아가셨다. 마음이 산만해지거나 곁길로 새지 않으셨다. 온전히 십자가에 헌신하셨고, 온전히 인류의 구원을 위해 헌신하셨다. 이는 예수님이 온전히 아버지의 뜻에 헌신하셨기 때문이다!

'우리가 늘 신실하지 않을지라도' 그것이 예수님의 신실한 헌신을 바꾸지 않는다고 성경은 말한다. 예수님은 변하지 않으셨다. 과거에 헌신하셨던 것처럼 지금도 헌신하신다! '헌신적'(devoted)이라는 단어는 사실상 희생제물을 나타내는 종교적 단어이며, 보통 선별하여 따로 표시해둔 어린 양이 제물이었다. 그 어린 양은 먹이를 먹고 보살핌을 받았지만, 모든 사람이 그 양을 이미 제단 위에서 죽은 것으로 간주했다.

그것은 선택받은 어린 양이었다. 비록 며칠 동안 기다리는 중이었지만, 모든 사람은 이 양이 다음 제물이 될 것을 알고 있었다. 그들은 그 어린 양이 이미 제물로 바쳐졌다는 것을 알았다. 그것은 희생될 어린 양이었다. 우리 주 예수 그리스도는 어린 양처럼 온전히 제사를 위해 헌신하셨다!

분리

두 번째 단어는 '분리'(separation)이며, 전치사는 'from'이다. 즉, 무엇에 대한(to) 헌신과 무엇으로부터의(from) 분리다.

우리 주님이 의도적으로 자신을 분리하셨던 여러 방법이 있다. 예수님은 인간들을 위해(for) 인간들로부터(from) 자신을 분리하셨다.

다른 이유들로 자신을 분리했던 사람들이 있다. 아테네의 타이먼이 인간들에게 마음이 상하여 산에 올라가 인간에게서 떨어져 있었던 것을 기억할 것이다. 그의 분리는 혐오의 결과였다. 하지만 예수 그리스도가 인간들로부터 분리되신 것은 사랑의 결과였다. 예수님은 인간들을 위해 그들로부터 자신을 분리하셨다. 예수님은 그들을 위해 오셨고, 또 죽으셨다. 그들을 위해 부활하시고 승천하셨으며, 그들을 위해 하나님의 오른편에 앉으셨다.

이 인간들로부터의 분리는 예수님이 그들에게 진절머리가 나셨기 때문도, 그들을 싫어하셔서도 아니었다. 오히려 예수님이 그들을 사랑하셨기 때문이다. 그것은 그들이 그들 자신을 위해

할 수 없는 일을 예수님이 그들을 위해 해주시기 위한 분리였다. 예수님은 그들을 구원할 수 있는 유일한 분이었다. 따라서 예수님은 인간사로부터 분리된 인간이셨다.

'분리'는 예수님을 나타내는 문구이다. 예수님은 사소한 것들이 얽혀 있는 망에서 분리되셨다. 세상에는 그리스도인들이 행하는 많은 일들이 있다. 그것들은 그다지 나쁘지 않다. 단지 사소한 일들이다. 마치 알베르트 아인슈타인이 종이 인형을 오리느라 분주한 것처럼 무가치한 일들이다. 우리는 깊이 실망하지만 아무도 그에게 가서 "아인슈타인, 당신은 큰 죄를 범하고 있습니다"라고 말하진 않을 것이다. 그러나 고개를 저으며 그 자리를 떠나면서 "저런 똑똑한 머리를 가지고? 세계 6대 천재 중 한 사람이 종이 인형을 오리고 있다니!"라고 말할 것이다.

이처럼 똑똑한 사람임에도 사소한 일들에 몰두해 있는 경우가 아주 많다. 당신도 그렇다! 당신도 위대한 사람이다.

당신은 웃으며 반문할지도 모르겠다.

"저요?"

그렇다, 바로 당신을 말하는 것이다!

당신의 지성은 무한한 역량을 갖고 있다. 당신의 영적 교제와 거룩한 교감을 나눌 수 있는 잠재력을 지니고 있다. 그러나 우리는 사소한 일들에 가담하고 있다.

예수님은 절대 그런 일에 몰두하지 않으셨다. 그분은 사소한 일들의 그물에서 탈출하셨다!

성경은 예수님이 죄인들로부터 분리되셨다는 것을 말해준다. 그분은 그들의 죄로부터 분리되셨을 뿐만 아니라, 그들의 허영심으로부터 분리되셨다. 우리도 헛된 것들로부터 분리되어야 한다!

이런 말들이 예수님의 특징을 설명한다면, 그것들은 또한 예수님을 따른다고 주장하는 우리 각 사람의 특징이 되어야 한다는 것을 내가 상기시킬 필요가 있을까?

헌신! 그렇다. 아버지의 뜻에 대한 헌신, 복음을 전함으로써 인류를 구원하기 위한 헌신, 반드시 필요한 희생을 위한 헌신, 다른 데 관심을 두지 않고 오로지 하나님의 뜻을 행하려는 확고한 목적을 가지고 나아가는 것!

분리! 사이가 틀어지거나 경멸하는 것이 아니라, 달리기 선수가 경주를 위해 평상복을 벗는 것과 같은 것이다. 또는 군인이 전투를 위해 정해진 옷을 입으려고 민간인의 옷을 벗는 것과 같은 것이다. 이것은 예수님의 사랑하는 제자들로서 우리가 알아야 하는 분리이다.

거절

세 번째 단어는 '거절'(rejection)이며, 특별히 '무엇에 의한 거절'(rejection by)이다.

확실히 예수님은 그분의 거룩함 때문에 인간들에게 거절을 당하셨다. 또한 그분이 짊어진 죄 때문에 하나님에게 거절을 당하셨다. 이렇게 말하면 어떤 사람은 "잠깐! 우리 주님에게 죄가 있었다고 말하는 겁니까?"라고 할 것이다.

그렇다. 대신 짊어진 죄가 있었다.

예수님 자신은 죄를 범하지 않으셨지만, 죄를 알지 못하시는 주님이 우리를 위해 죄가 되셨다. 우리 죄인들이 예수님 안에서 하나님의 의가 되게 하려는 것이었다.

그런 의미에서, 예수님은 두 가지 거절을 당하셨다. 그분은 너무 선해서 죄악된 인간들에게 받아들여질 수 없었고, 그 끔찍한 희생의 순간에는 너무 죄가 많아서 거룩하신 하나님께 받아들여질 수 없었다. 그래서 예수님은 양쪽 모두에게 거절을 당한 채 하늘과 땅의 중간에 매달려 계시다가 마침내 "아버지 내 영혼을 아버지 손에 부탁하나이다"(눅 23:46)라고 부르짖으셨다. 그리고 예수님은 아버지께 받아들여지셨다.

그러나 예수님이 나와 당신의 죄를 짊어지고 계시던 동안에는 아버지께 거절을 당하셨다. 인간들 사이에 계시던 동안에는 인간들에게 거절을 당하셨다. 예수님이 너무 거룩하셔서 그분의 삶이 그들에게 끊임없는 질책이 되었기 때문이다.

동일시

'동일시'(identification with)라는 말 또한 주목해야 한다. 확실히 예수님은 우리와 동일시되셨다. 예수님이 하신 모든 일은 우리를 위한 것이었다. 그분은 우리를 대신하셨다. 우리의 죄를 짊어지셨다. 그분의 의를 우리에게 주셨다. 세상에서 행하신 이 모든 행위는 우리를 위한 것이었다. 왜냐하면 성육신하심으로써 예수님은 그분 자신을 인류와 동일시하셨기 때문이다. 예수님의 죽음과 부활에서 그는 구속받은 인류와 동일시되셨다.

그 복된 결과는 그분이 어떠하든지 우리도 그와 같은 것이다. 그분이 어디에 계시든지 그분의 백성도 잠재적으로 그곳에 있으며, 그분이 어떠한 분이든 잠재적으로 그분의 백성도 그러한 존재들이다. 다만 예수님의 신성만은 예외다!

수락

마지막으로, 예수님의 '수락'(acceptance at)을 생각해보자.

우리 주, 예수 그리스도는 하나님의 보좌 앞에서 받아들여지셨다. 한때는 거절을 당하셨으나 지금은 인정을 받으셨다. 그 쓰라린 거절이 이제 기쁨의 수락으로 바뀌고 있는 것이다. 이것은 그분의 백성에게도 마찬가지다. 예수님을 통해 우리는 죽었다! 또 그분과 동일시됨으로써 우리는 살았고, 아버지 하나님의 우편에 받아들여졌다.

이것이 우리가 드리는 성찬식의 의미다.

💬 깊이 생각하기

1. 교회를 기관이 아닌 공동체로 여기는 것은 어떤 의미들을 함축하고 있는가?

2. 토저는 우리가 그리스도의 임재를 인식하지 못한다면 '영적인 문제' 가 있는 거라고 주장한다. 당신은 주님이 가까이 계신 것을 인식하지 못할 때 어떤 문제들이 생긴다고 생각하는가?

3. 토저가 묘사하는 그리스도의 임재는 당신에게 어떤 격려 혹은 도전을 주는가?

4. 모든 그리스도인들이 그리스도와 동일시된다는 것을 알면 자신과 다른 신자들을 바라보는 관점이 어떻게 달라지겠는가?

* *Tozer Speaks, Volume 2*
Christian Publications, 1994; WingSpread Publishers, 2010, 재출간.

CHAPTER 16

다시 오실
예수

너희 믿음의 확실함은 불로 연단하여도 없어질 금보다 더 귀하여

예수 그리스도께서 나타나실 때에

칭찬과 영광과 존귀를 얻게 할 것이니라 벧전 1:7

당신은 예수 그리스도를 맞을 준비가 되어 있는가, 아니면 그분이 오시는 것에 대해 단지 호기심만 있는가?

내가 경고하건대, 많은 설교자들과 성경 교사들이 그리스도의 재림에 대한 호기심 어린 추측만 부추기고 '그분의 오심을 사모할' 필요성은 강조하지 않은 것에 대해 하나님께 설명해야 할 때가 언젠가는 올 것이다.

성경은 설교하거나 가르치는 형제가 '놀라운' 예언자적 지식을 가지고 잘 믿고 잘 속아 넘어가는 청중에게 감동을 주기 위해 성경을 가지고 장난치는 현대적 호기심을 인정하지 않는다.

나는 신약성경에서 도덕적 행동, 믿음, 영적인 거룩함과 직접적으로 연관이 없는 그리스도의 계시, 나타나심, 다시 오심을 이야기하는 구절을 하나도 생각해낼 수가 없다.

주 예수님이 이 세상에 다시 한번 나타나시는 것은 우리가 호기심을 가지고 추측해볼 사건이 아니다. 우리가 그렇게 할 때 죄를 범하는 것이다. 도덕적 적용을 제시하지 않고 듣는 자들의 호기심을 자극하기 위한 추측에 가담하는 교사는 설교하면서도 죄를 짓는 것이다.

신자들이 그 문제를 더 깊이 생각하거나 관심을 두지 않길 원했던 이들이 제기한 그리스도의 재림에 관한 어리석은 공식들이 많이 있었다. 그러나 베드로는 "예수 그리스도의 나타나심"을 기대한다고 했다. 바울은 주의 나타나심을 사모하는 모든 사람을 위해 영광 가운데 준비된 의의 면류관이 있다고 했다. 요한은 예수님을 보는 것에 대한 소망을 이야기하며 직설적으로 "주를 향하여 이 소망을 가진 자마다 그의 깨끗하심과 같이 자기를 깨끗하게 하느니라"(요일 3:3)라고 했다.

베드로는 "너희 믿음의 확실함은 불로 연단하여도 없어질 금보다 더 귀하여 예수 그리스도께서 나타나실 때에 칭찬과 영광과 존귀를 얻게 할 것이니라"(벧전 1:7)라고 기록할 때 우리의 믿음에 대한 시험과 예수님의 오심을 연관 지었다.

성경을 이해하기

'그리스도의 나타나심'(appearing of Christ)을 생각해보라. 여기에는 한 가지 사상을 구체화하는 단어가 있다. 그것은 기독교 신학과 그리스도인의 삶에 매우 중요한 사상이므로, 우리는 감히 그것을 그냥 무시해버릴 수 없다.

이 단어는 킹제임스 성경에서 예수님과 관련하여 자주 등장하며, '나타나다'(appear), '나타난'(appeared), '나타남'(appearing) 등 여러 형태로 사용된다. 영어로 번역된 원래 단어는 헬라어로 약 일곱 가지의 다른 형태를 갖고 있다.

그러나 여기서 우리는 오직 예언적인 용도로 쓰인 '나타남'(appearing)이라는 단어에만 관심을 두려 한다. 분명히 베드로는 이 구절에서 그 단어를 그렇게 사용했다.

내가 이것을 지적하는 이유는 바울이 또한 그리스도인들에게 "마음의 허리를 동이고 근신하여 예수 그리스도께서 나타나실 때에 너희에게 가져다주실 은혜를 온전히 바랄지어다"(벧전 1:13)라고 말했기 때문이다.

어떤 이들은 번역자에게 질문을 하고 싶겠지만 그들은 모두 죽었다! 그 질문은 "왜 비슷한 형태의 원어가 어떤 경우엔 나타나심으로 번역되고, 어떤 경우엔 예수 그리스도의 계시로 번역되었는가?"일 것이다.

어쩌면 그들은 한 단어와 다른 단어에서 미묘한 뉘앙스의 차이를 느꼈을 것이다. 그러나 우리는 그 단어들이 성경에서 서로 호환적으로 사용되고 있음을 받아들이게 된다.

우리는 이 점을 장황하게 설명할 필요가 없다. 실제로 어떤 사람들은 너무 열심히 노력하기 때문에 성경 말씀 속에서 어려움을 겪는다. 주님은 우리가 한 단어의 의미와 뉘앙스의 차이에 관한 공식을 세우거나 교리적 해설을 하는 데까지 열심히 노력하며 나아가기를 기대하지 않으셨다.

일부 사이비 종교집단들은 이렇게 한다. 모든 예언적 사상과 계획의 기초를 '나타남', '계시', '징후', '폭로'와 같은 단어들에 두는 예언적 종교집단들이 있다. 그들의 지도자들은 단어들의 미묘한 뉘앙스 차이에 관하여 여러 글과 책을 저술한다.

만일 그 종교집단이 자신들의 주장을 밝히기 위해 장황하게 설명할 수밖에 없는 단어라면, 그것을 표시해두고 더는 생각하지 말라!

기독교의 역사적 흐름 속에 존재하지 않고, 입증된 기독교 진리의 긴 회랑에서 찾아볼 수 없는 명백한 이단 종교집단이 한 단어의 뉘앙스 차이를 근거로 삼으려 한다면, 당신은 그저 그것을 무시해도 좋다.

내가 이렇게 말하는 이유는, 성경은 세상에서 가장 이해하기 쉬운 책이기 때문이다. 영적인 마음으로는 가장 이해하기 쉽지만, 육적인 마음으로는 가장 이해하기 어려운 책이다! 나는 자신들이 옳다는 걸 입증하기 위해 미묘한 의미 차이에 열중할 필요가 있다고 생각하는 사람들에게 유념치 않을 것이다. 특히 그것이 사도들의 시대까지 거슬러 올라가는 그리스도인들의 모든 신념과 반대된다고 보인다면 더더욱 그렇다.

우리가 성경을 읽고 해석할 때 열심히 노력하기가 쉽다고 말하는 이유가 여기에 있다. 당신은 사실상 거의 모든 일에 너무 열심히 애를 쓰는 사람일 수 있다. 야구를 비롯해서 말이다.

예를 들어, 어떤 야구팀은 시즌이 시작될 때 우승을 위해 열심히 노력하다 보니 선수들이 너무 긴장하고 초조해서 많은 실수를 하고 만다.

그러다 그들이 실제로 우승할 가능성이 없다는 걸 안 후에는 선수들이 편안해져서 갑자기 시합을 잘하게 된다. 그들은 주위 사람들을 변화시키지 않았다. 다만 마음을 편안하게 먹고 너무 열심히 애쓰는 걸 그만두었을 뿐이다!

나는 이렇게 너무 열심히 애쓰는 문제가 첫 설교를 앞둔 젊은 설교자들에게도 중요하다고 생각한다. 그는 설교하려 할 때 근육이 팽팽해지고, 목이 마르며, 설교의 요점들이 기억나지 않을 것이다. 나도 그런 적이 있었다. 다른 모든 일과 마찬가지로 너무 열심히 하려고 하니 그런 것이다!

강하게 밀어붙이는 것으로는 하나님나라에서 성장하지 못할 것이다. 하나님나라는 그렇게 해서 얻는 것이 아니기 때문이다.

그보다 당신은 하나님을 믿고, 하나님이 행하시는 것을 보아야한다!

성경 해석에 관해서도 마찬가지다. 우리가 그런 미묘한 정의의 차이를 계속 주장한다면, 너무 열심히 노력하다가 결국은 잘못된 관점을 갖게 될 것이다!

어쩌면 우리는 그것을 설명할 수 있을 것이다. 시카고에 사는 어떤 사람이 디모인에 사는 가족을 방문하고 집으로 돌아온 후, 아이오와 주 여행에 관한 편지를 여러 장 쓴다고 하자.

한 편지에 그는 이렇게 쓴다.

"저는 지난주에 디모인을 방문했습니다."

두 번째 편지에서는 이렇게 말한다.

"저는 지난주에 디모인에 갔습니다."

그리고 세 번째 편지에서는 "저는 지난주에 자동차로 디모인에 갔습니다"라고 쓴다.

또 다른 편지에서는 "저는 지난주에 디모인에 사는 형제를 만났습니다"라고 말한다.

그는 그 모든 편지를 봉하여 우편으로 부치고 더는 생각하지 않는다.

그러나 천 년 후에 통역사들이 그 다섯 통의 편지를 보고, 특히 그들이 정말 열심히 일하는 통역사들일 경우, 성경에는 동의어가 없으며 하나님나라와 하늘나라는 결코 같은 뜻으로 사용되지 않는다고 주장한다면 어떻게 될까?

그들은 저자가 "저는 디모인에 갔습니다"라고 썼을 때와 "저는 자동차로 디모인에 갔습니다"라고 썼을 때 특별한 무언가를 염두에 두고 있었던 것이 틀림없다고 주장할 것이다. 그는 적어도 두 차례의 여행을 했던 것이 틀림없으며(그렇지 않다면 매번 똑같이 말했을 것이다!), 그가 한 편지에서 디모인에 방문했다고 말한 데는 분명히 어떤 이유가 있었을 것이라고 여긴다(그것은 그가 단지 형제를 보았을 때보다 더 오래 머물렀다는 뜻일 것이다!).

실제로 그는 그곳에 한번 갔는데, 다만 글을 쓸 때 그것을 네 가지 다른 방식으로 쓸 수 있을 만큼 영어를 잘 알았을 뿐이다.

따라서 우리는 바울이 이 '나타남'이라는 단어를 사용한 것을 볼 때 편안하게 생각하자. 바로 그런 뜻이기 때문이다! 만약 다른 곳에서 다른 형태나 단어가 사용되고, 같은 것이 다른 방식으로 표현된다면, 그것은 단지 성령님이 틀에 박힌 분이 아니었음을 보여주는 것이다. 해석자들은 아니라고 할지라도 말이다! 설교자들은 종종 진부한 표현을 전문으로 하는 것처럼 보이지만, 하나님의 영은 상투적 문구에 의존할 필요가 전혀 없으셨다! 예수 그리스도의 나타남은 그분의 현현을 의미할지 모른다. 그것은 밝게 빛남, 보여줌, 폭로를 의미할 수도 있다. 그렇다. 그것은 그리스도의 오심, 예수 그리스도의 계시를 의미할 것이다!

세상으로 돌아오심

대부분의 사람들을 위해 우리가 실제로 대답해야 할 질문은 이것이다.

"이 나타남, 출현, 폭로, 또는 계시는 어디서 일어날 것인가?"

베드로가 그리스도의 나타남에 대해 편지를 썼던 대상은 이 세상에 있는 그리스도인들이었다. 이것은 절대 영적인 것으로 승화될 수 없다. 즉, 그 현장이 하늘나라로 옮겨질 수는 없다.

베드로는 이 땅의 그리스도인들에게, 시련과 박해로 널리 흩어져 있는 성도들에게 편지를 쓰고 있었다. 그는 그들에게 고통을 견디고 고난 속에서 하나님을 신뢰하도록 권면했다. 그러면 예수 그리스도께서 나타나실 때 그들의 믿음이 금보다 더 귀한 것으로 드러날 거라고 했다!

그가 이 세상 사람들에게 편지를 쓰고 있었기 때문에 이 '나타남'은 오직 땅에서 일어날 수 있는 일임을 상식적으로 알 수 있다. 그는 천상의 영역에 있는 천사들에게 편지를 쓰고 있지 않았다. 그 말을 가브리엘에게 한 것이 아니라 이 땅에 사는 사람들에게 한 것이다.

또한 베드로는 이것을 미래에 일어날 하나의 사건으로 이야기했다. 즉, 19세기 전에 베드로가 그 글을 쓰던 때로부터 미래다. AD 65년에 이 글을 쓴 베드로는 AD 65년 이후 미래의 어느 때에 그리스도가 나타나실 거라고 했다.

그러므로 우리는 베드로가 말한 것이 요단강에서 요한이 세례를 줄 때 예수님이 나타나신 것을 의미하지 않았다는 걸 확신할 수 있다. 그 일은 이미 30년 전에 일어난 일이었기 때문이다.

예수님은 또한 예루살렘에 나타나사 사람들 가운데 행하시며, 바리새인들과 장로들, 랍비들과 평범한 사람들에게 말씀하셨다. 그러나 그것 또한 30년 전에 일어난 일이었다.

때가 되어 사람들이 각지에서 돈을 들고 와서 제물로 바칠 소나 비둘기를 사기 위해 환전을 하려 할 때 예수님이 갑자기 성전에 나타나셨다. 예수님은 오직 노끈으로 소와 환전상들을 성전에서 쫓아내셨다.

또 예수님은 변화산에 나타나셨고, 부활하신 후에 제자들에게 나타나셨다. 그분은 여러 번 모습을 드러내셨다. 육신으로 나타나셨고, 정체가 밝혀질 만한 일들을 하셨다. 예수님은 사람들 가운데 한 사람으로 계셨다. 그러나 베드로는 "그분이 아직 나타나지 않으셨다"라고 말했다. 다른 경우들은 모두 30년 전에 있었던 일들이기 때문이다.

베드로는 이렇게 말하고 있었다.

"너희 믿음의 시련과 고통, 순종, 십자가를 짊어짐이 예수 그리스도가 나타나실 때에 명예와 영광을 의미하도록 너희가 준비하길 원한다."

그것은 미래의 나타남이다!

전과 같이

예수님이 자신을 희생하심으로 죄를 사해주기 위해 나타나셨던 때의 그 사건들 이후로 예수 그리스도가 나타나셨다는 확실한 증언은 어디에도 없다.

사실 우리는 나중에 정신병원에서 죽음을 맞는 몇몇 불쌍한 광신도들 외에는, 그리스도께서 자신에게 직접 나타나셨다고 말하는 사람을 발견하지 못했다.

많은 새로운 사이비 종교집단들이 생겨났다. 사람들은 거리를 걸으며 "내가 그리스도다"라고 말했다. 정신과 의사들은 자신이 예수 그리스도라고 주장하는 사람들의 다양한 사례들을 기록한 바 있다.

하지만 우리 주 예수 그리스도는 아직 두 번째로 나타나지 않으셨다. 그리스도가 다시 나타나셨다면 보통 신약성경에서 사용되었던 그 단어의 의미와 일치했을 것이기 때문이다. 예수님은 성전에 나타나셨던 때처럼, 요단강이나 변화산에서 나타나셨던 것처럼 나타나셔야만 할 것이다. 부활 후 제자들에게 나타나셨던 것처럼, 눈으로 볼 수 있는, 인간의 현현으로 나타나셔서 사람의 눈과 귀와 촉감으로 확인할 수 있어야만 할 것이다.

'나타남'이라는 단어가 일반적인 의미대로 사용되려면, 예수 그리스도의 나타나심은 거의 2천 년 전 처음 세상에 나타나셨을 때와 같아야 할 것이다.

예수님은 처음에 오셨을 때 인간들 사이에서 거니셨다. 어린 아기들을 품에 안아주셨다. 병자들과 고통받는 자들과 불구인 자들을 치료해주셨다. 사람들을 축복하시고, 그들과 함께 음식을 먹으며, 그들 가운데 행하셨다. 그리고 성경은 예수님이 다시 나타나실 때 그와 똑같은 방식으로 나타나실 거라고 말한다. 그분은 다시 인간이 되실 것이다. 물론 영광을 입은 인간이시다! 예수님은 떠날 때와 똑같은 예수님으로, 우리가 알아볼 수 있을 것이다.

우리는 또한 여기서 오랜 세월 동안 이어진 기독교 성인들의 증언을 이야기해야 한다. 우리가 영적인 삶과 이해와 경험 속에서 그리스도를 알게 된다면 말이다.

어떤 의미에서는 청결한 마음을 가진 모든 사람이 하나님을 '본다'. "예수님은 저에게 너무나 실제적인 분이셔서 저는 그분을 보았어요!"라고 말하는 사람들이 있을 것이다.

나는 당신이 무슨 말을 하는지 알며, 그것에 대해 하나님께 감사드린다. 하나님께서 당신의 영적 이해의 눈을 밝혀 주셨고, 그런 의미에서 당신은 하나님을 본 것이다.

"마음이 청결한 자는 복이 있나니 그들이 하나님을 볼 것임이요"(마 5:8).

나는 우리 믿음의 눈이, 영의 이해가 밝아져서 주님을 보는 것이 충분히 가능한 일이라고 믿는다. 어쩌면 베일에 가려져 있고,

장차 올 그날만큼 선명하지 않을 수도 있지만, 우리 마음의 눈으로 그분을 보는 것이다!

그리스도는 이런 맥락에서 사람들에게 나타나신다. 우리가 기도할 때 나타나시며, 우리는 그분의 임재를 느낄 수 있다. 하지만 그것은 베드로가 예수님의 재림과 관련하여 말하려고 했던 것이 아니다. 그 사건에 대한 베드로의 설명에 의하면 빛과 계시, 갑작스러운 도래, 눈으로 볼 수 있는 모습이 나타나야 한다!

베드로는 미국 대통령이 시카고에 왔다고 신문에서 언급한 것과 같은 모습을 의미했다. 젊은 병장이 2년 넘게 떠나있다가 갑자기 나타나 가족에게 기쁨을 안겨주었다는 신문 기사와 같은 그런 나타남을 뜻한다. 예수님이 자신을 희생하심으로 죄를 사하여주시기 위해 나타나셨던 그때 이후로 그와 같이 예수님이 나타나신 적은 없었다!

우리는 이것을 요약하여 이렇게 말할 수 있다. 베드로의 시대 이후에 믿는 사람들에게 예수님이 개인적으로, 세상에, 베드로의 말대로 나타나셔야만 한다. 그 나타남은 아직 실현되지 않았고, 베드로의 말은 여전히 유효하다.

따라서 우리는 예수 그리스도가 처음 나타나셨던 때처럼 이 세상에서 살아 있는 사람들에게 다시 나타나실 것을 기대한다.

말씀으로 강해진다

하나님의 말씀은 단지 우리에게 주님의 재림에 대한 호기심을 갖게 하려고 주어진 것이 아니라, 믿음과 영적인 거룩함과 도덕적 행위에 있어 우리를 강하게 하기 위한 것이다!

바울이 디모데에게 쓴 두 번째 편지에서, 우리는 성경 전체에서 가장 간절하고 은혜로운 말씀을 발견한다.

하나님 앞과 살아 있는 자와 죽은 자를 심판하실 그리스도 예수 앞에서 … 엄히 명하노니 너는 말씀을 전파하라 때를 얻든지 못 얻든지 항상 힘쓰라 범사에 오래 참음과 가르침으로 경책하며 경계하며 권하라 때가 이르리니 사람이 바른 교훈을 받지 아니하며

딤후 4:1-3

여기서 사도는 우리 주 예수님이 오셔서 살아 있는 자와 죽은 자를 심판하실 거라고 경고하며, 예수님의 나타나심과 심판을 때를 얻든지 못 얻든지 말씀을 전파해야 한다는 간곡한 권고와 연결 짓는다.

잠시 후, 바울은 예수 그리스도가 나타나실 때 일어날 사건들에 대해 더 많은 이야기를 한다. 그는 이렇게 말했다.

"나는 선한 싸움을 싸우고 나의 달려갈 길을 마치고 믿음을 지켰으니 이제 후로는 나를 위하여 의의 면류관이 예비되었으

므로 주 곧 의로우신 재판장이 그 날에 내게 주실 것이며 내게
만 아니라 주의 나타나심을 사모하는 모든 자에게도니라"(딤후
4:7,8).

형제들이여, 예수 그리스도의 나타나심을 사모하는 자들은
또한 면류관을 받게 될 거라고 분명히 말한다.

아마 이렇게 말하고 싶은 사람들도 있을 것이다.

"그것은 실제로 전천년설을 믿는 사람이 의의 면류관을 받게
될 거라는 뜻 아닙니까?"

나는 그렇지 않다고 말한다! 그것은 '예수님의 나타나심을
사모하는 자들이 의의 면류관을 받게 될 것'이라는 뜻이다! 나
는 전천년설을 지지하고 찬성하는 사람들을 겸손한 마음과 거
룩하게 구별된 모습과 하나님을 향한 갈급함으로 곧 오실 그들
의 구세주를 사모하고 기다리는 사람들이라고 할 수 있을지 의
심스럽다!

나는 예수님의 재림에 관한 모든 문제에 대하여 우리의 관심
이 시들해진 것 같아 두렵다. 기독교 사역자들 중에 예수님의 재
림의 진리에 대해 설교할 필요성을 느끼는 이들이 극히 소수인
이유는 무엇일까? 왜 목회자들은 이 문제에 있어, 색색깔의 도표
와 실례들과 성경의 예언에 대한 특이한 해석을 가지고 온 나라
를 돌아다니는 사람들에게 의존해야만 할까?

"우리가 그와 같을 줄을 아는 것은 그의 참모습 그대로 볼

것이기 때문이니"(요일 3:2)라는 사도 요한의 말을 믿으면 안되는가?

그의 말은 이것이다.

"사랑하는 자들아, 우리가 이제 하나님의 자녀가 되었나니, 우리의 믿음이 하나님의 아들 예수 그리스도께 있도다! 우리는 그분을 믿고 의지하지만, 우리가 장래에 어떻게 될지는 아직 나타나지 않았다. 그러나 그분이 나타나시면 우리가 그분과 같을 줄을 아니, 이는 우리가 그분의 참모습 그대로 볼 것이기 때문이다!"

그다음에 요한은 직설적이고 명확하게 말한다.

"주를 향하여 이 소망을 가진 자마다 그의 깨끗하심과 같이 자기를 깨끗하게 하느니라"(요일 3:3).

누구나!

'누구나'라고 그는 말한다. 주님을 향하여 이 소망을 가진 자는 '누구나' 주님의 깨끗하심같이 자기를 깨끗하게 한다!

주 예수 그리스도의 오심을 기대하고 시시각각 기다리며 열망하는 사람들은 자기를 깨끗하게 하느라 바쁠 것이다. 그들은 호기심 어린 추측에 빠지지 않을 것이다. 그들은 자신을 깨끗하게 하며 준비할 것이다!

여기서 한 예를 드는 것이 도움이 될 것 같다.

곧 시작될 결혼식을 앞두고 신부가 옷을 입고 있다. 신부의 어머니는 긴장하고 있고, 다른 친척들과 도와주는 사람들도 신부가 옷을 제대로 입었는지 확인하려 한다.

왜 이 모든 것이 유익한 관심이자 걱정인가?

신부와 그녀의 주변 사람들은 그녀가 곧 신랑을 만나러 갈 거라는 사실을 알고 있으며, 모든 것이 완벽히 준비되어야 한다고 여긴다. 그녀는 드레스와 베일이 흐트러지지 않도록 걸음도 조심스럽게 걷는다. 그녀는 제단에서 신랑을 만나는 순간을 사모하고 기대하며 기다리기에 준비하는 것이다.

이제 요한은 성령을 통해, '주를 향하여 이 소망을 가진 자는 자신을 정결케 하고 준비한다'라고 말한다. 어떻게? 주님이 순결하신 것처럼!

신부는 신랑에게 걸맞은 옷을 입길 원한다. 그것은 신랑도 마찬가지다! 그러므로 예수 그리스도의 교회는 신랑에게 걸맞은 옷차림을 해야 하지 않겠는가? 즉, 예수님이 순결하신 것처럼 깨끗해야 하지 않겠는가?

우리는 예수 그리스도의 재림이 실제로 일어날 거라고 확신한다. 그 일은 주님의 때에 일어날 것이다. 그 일이 곧 일어날 수 있다고 믿는 사람들이 많이 있다. 즉, 주님의 재림을 가능케 하기 위해 이 세상에서 이루어져야 하는 일이 아무것도 없다고 믿는 것이다.

그것은 예수님의 초림과 죽음, 부활의 사건들을 제외하면, 세계 역사에서 가장 큰 사건이 될 것이다.

세계 역사에서 그다음 큰 사건은 "너희가 보지 못하였으나 사랑하고, 이제도 보지 못하나 믿으며, 말할 수 없는 영광스러운 즐거움으로 기뻐하는 예수 그리스도의 나타나심"일 것이라고 우리는 말할 수 있다.

세상은 그것을 알지 못하나, 주를 향하여 이 소망을 가진 자는 그것을 알 것이다. 이는 그리스도가 깨끗하신 것처럼 그가 자신을 깨끗하게 했기 때문이다!

💬 깊이 생각하기

1. 그리스도의 재림에 관한 토저의 이야기는 당신이 생각했던 것과 일치하는가?

2. 당신은 그리스도의 오심을 기쁨으로 기대하고 있는가. 아니면 세상적인 욕망들 때문에 때때로 갈등을 겪는 자신을 발견하는가?

3. 당신은 그리스도의 재림을 준비하고 있는가? 당신은 어떤 모습으로 준비할 것인가?

* *Tozer Speaks, Volume 2*
  Christian Publications, 1994; WingSpread Publishers, 2010, 재출간.

CHAPTER 17

새 창조의
머리가 되시다

내가 만물을 새롭게 하노라 계 21:5

세상의 모든 종교 중에 오직 그리스도의 교회만이 창조주이자 구속주이신 하나님이 새 질서를 세우실 거라는 성경의 복음을 선포할 수 있다!

실로 그것은 오늘날 타락한 인류가 얻을 수 있는 유일한 복음이다. 즉, 하나님이 영원히 지속되고 영원한 생명이 담긴 새로운 질서를 약속하셨다는 소식이다.

얼마나 놀라운가!

그것은 하나님으로부터 온 약속이며, 일시성과 사망이라는 인간의 보편적인 약점과 정반대되는 특성들에 기반을 둔 새로운 질서에 대한 약속이다.

하나님은 지금 이 세상 어디에서도 인간에게서 발견할 수 없는 완전함과 영원함을 약속하신다.

얼마나 기대가 되는가!

우리는 하나님의 명령대로 이 새로운 질서가 마침내 새 하늘과 새 땅에서 모습을 드러낼 거라고 가르침을 받는다. 그것은 신부가 신랑을 위해 단장했을 때 임할 도시에서 나타날 것이다.

하나님의 말씀은 구속받은 자들을 위해 제공되는 이 모든 것들이 영원히 지속되는 특성을 가진다고 말한다.

그것은 왔다가 다시 가버리지 않을 것이다.

그것은 일시적인 것이 아니다.

그것은 오래 지속될 새로운 질서다.

그것은 죽음에 굴복하지 않을 것이다.

그것은 언젠가 사라지지도 않을 것이다.

그것은 영원히 살아 있을 새로운 질서다.

새 사람, 새 창조

하나님은 인간을 향한 계시 속에서, 부활하신 그리스도 예수님이 이 새 창조의 머리이시며 그분의 교회가 몸이라는 것을 명확히 밝히신다. 그것은 부활하신 그리스도를 믿는 개개인의 신자들이 그 몸의 지체들임을 알려주는 단순한 그림이다.

내 생각에 이것은 성경에 매우 분명하게 나타나 있어 누구나 보고 이해할 수 있을 것 같다.

우리는 전체적인 그림을 생각해볼 수 있다. 첫째 아담, 즉 옛 아담은 그 옛 질서에서 모든 것의 머리였다. 그래서 그가 넘어졌을 때 그와 함께 모든 것이 무너졌다.

나는 아담과 하와 안에서 일어난 인류 타락의 역사성에 반박하는 똑똑한 인간들이 있다는 걸 안다. 그러나 아무리 똑똑하고 지혜롭고 교육을 잘 받은 사람이라도 크고 전능하신 하나님이 쓰신 두 개의 짧은 판결문을 피해갈 순 없었다. 그 판결문은 이것이다.

"인간아, 너는 계속 머물 수 없다. 가야 한다!" 그리고 "인간아, 너는 살 수 없다. 죽어야 한다!"라는 것이다.

재능이나 소유물, 지위와 상관없이 모든 인간은 일시적이며 죽을 수밖에 없다는 선고를 이기지 못했다.

일시성은 "당신은 가야 한다!"라고 말한다.

사망은 "당신은 죽어야 한다!"라고 말한다.

이것이 사실이기 때문에, 인간들이 하는 모든 일은 사실상 인간의 속성을 갖는다. 죄악되고 타락한 인간에게 드리운 어두운 그림자, 즉 일시성과 사망이 바로 인간이 하는 모든 일에도 드리워져 있는 것이다.

인간이 자랑스럽게 여기는 삶의 영역과 문화들이 있다. 인간은 아름다움, 고귀함, 창조성, 천재성 같은 단어들을 오랫동안 사용해왔다. 하지만 인간의 손으로 하는 일들이 아무리 고결하더라도, 아무리 천재의 영감을 받았더라도, 아무리 아름답고 유용하다 해도, 거기에는 여전히 이 두 문장이 가로질러 쓰여 있다.

"너는 머물러 있을 수 없다!", "너는 살 수 없다!"

그것은 타락한 인간의 일과 희망과 꿈에 불과하며, 하나님은 계속해서 그에게 "너는 오직 떠나기 위해 왔고 죽기 위해서 왔다!"라고 말씀하신다.

소네트든 오라토리오든, 현대적 교량이든 대운하든, 유명한 그림이든 세계에서 가장 훌륭한 소설이든, 모든 것은 하나님 심판의 표적을 지니고 있다. 바로 일시성과 사망이다!

아무것도 계속 남아 있을 수 없다. 그것은 떠나는 과정 중에 있다. 아무것도 영원하지 않다. 그것은 죽을 수밖에 없는 타락한 인간의 작품에 불과하다. 인간이 하는 모든 일은 인간의 본성을 취하는 선고를 피할 수 없다.

그러나 두 번째 인간, 새로운 마지막 아담이 하나님의 피조물을 위한 새롭고 영원한 질서의 약속을 주기 위해 이 세상에 오셨다. 인자이신 주 예수 그리스도는 이 땅에 오셔서 죽으셨으나 무덤에서 일어나셨고, 영원히 살아 계시며, 새 창조의 머리가 되실 것이다.

하나님의 계시는 예수 그리스도가 죄와 사망을 이기신 영원한 승리자라고 말한다! 그것이 바로 예수님이 새 창조의 머리이신 이유이다. 주께는 일시성보다 완전함의 깃발이 있고, 죽음의 표시보다 영원한 삶의 표시가 있다.

하나님의 약속을 기다림

인간 역사의 성쇠와 죽음과 심판의 현실을 막을 수 없는 인간의 무능력함을 생각할 때, 교회 안에서나 밖에서나 교만한 인간들이 예수 그리스도의 승리를 위한 영원한 계획과 프로그램에 주의를 기울이지 않는 것이 참으로 놀랍다!

그리스도의 약속들을 도외시하는 대부분의 이유들은 오늘날 우리 가운데 너무나 명백히 나타난다.

한 가지는 현대인의 성격이 너무 급해서 하나님의 약속들을 기다리지 못하는 것이다. 인간은 단기적 관점으로 세상을 바라본다. 그는 모든 일을 빨리 해치우는 도구들에 둘러싸여 있다. 물만 부으면 금세 오트밀이 되는 퀵오츠(quick oats)를 먹고 자라왔다. 인스턴트 커피를 좋아하고, 다림질이 필요 없는 셔츠를 입으며, 30초면 나오는 폴라로이드 카메라로 아이들 사진을 찍는다.

그의 아내는 가을 낙엽이 땅에 떨어지기도 전에 봄 모자를 사러 간다. 7월 1일 이후에 새 차를 사면 그 차를 집에 가져올 때

쯤엔 이미 구모델이 되어 있다.

그는 거의 항상 바쁘고 무엇을 기다리는 걸 견디지 못한다. 이 숨 가쁜 생활은 자연스럽게 지체되는 걸 참지 못하는 성향으로 이어지고, 그는 자신에게 예언이 너무 느리게 이루어진다는 걸 발견한다. 처음 가졌던 빛나는 기대들은 곧 광채를 잃어버린다. 그다음에 그는 이렇게 물을 것이다.

"하나님, 지금 그 왕국을 이스라엘에 다시 돌려주실 겁니까?"

즉답이 없으면 그는 이렇게 결론지을 것이다.

"나의 주님이 오시는 것을 미루고 계신다!"

어떤 사람들은 그리스도에 대한 믿음이 빠른 서비스를 받기 위한 버튼을 제공해주지 않는다는 사실을 발견하기까지 오랜 시간이 걸린다.

새로운 질서는 주님의 때가 될 때까지 기다려야 한다. 그것은 성질 급한 사람에겐 버거운 일이다. 그는 그냥 포기하기로 하고 다른 것에 관심을 둔다.

또한 우리 사회에 만연한 풍요가 인류 역사에 개입하기 위해 다시 세상에 오실 거라는 그리스도의 약속을 일반적으로 무시하는 것과 많은 연관이 있다는 데는 의문의 여지가 없다.

부자가 하나님나라에 들어가는 것이 어렵다면, 다른 조건들이 모두 동일할 때 잘사는 사람들의 비율이 가장 높은 사회가 그리스도인의 비율이 가장 낮은 사회일 거라고 결론짓는 것이

타당하다.

'부자들의 거짓'이 하나님 말씀을 막아 열매를 맺지 못하게 만든다면, 적어도 풍요로운 서구사회에서는 이 시대의 설교가 거의 열매를 맺지 못할 것이다.

또 만일 방탕함과 술 취함과 세상적인 염려들이 그리스도인이 그리스도의 오심에 대비하지 못하게 만든다면, 이 세대의 그리스도인들은 그리스도의 재림을 맞을 준비가 가장 안 되어 있어야 할 것이다.

북아메리카 대륙에서 기독교는 거의 대부분 번영하는 중위층과 중상층의 종교가 되었다. 아주 부자이거나 아주 가난한 사람이 실천적인 그리스도인이 되는 경우는 거의 없다. 남루한 옷차림에 굶주린 성도가 성경책을 겨드랑이에 끼고 하나님의 빛으로 환히 빛나는 얼굴을 하고 다리를 절뚝거리며 힘겹게 교회로 가고 있는 감동적인 장면은 주로 상상 속에 존재하는 것이다.

요즘 열정적인 그리스도인들까지 짜증나게 하는 문제 중 하나는, 바로 장차 올 세상을 위해 자신의 영혼을 준비시키길 바라는 하나님의 집까지 편안하게 데려다주는 빛나는 마차를 주차할 공간을 찾는 것이다.

미국과 캐나다에서 요즘 중산층은 불과 1세기 전의 황제들과 마하라자(과거 인도 왕국 중 한 곳을 다스리던 군주)들보다 더 많은 소유물을 가지고 호화로운 생활을 한다.

대부분의 그리스도인이 이 계층에 속하기 때문에 진심으로 그리스도의 재림을 기대하는 마음이 우리 가운데 거의 사라져 버린 이유를 어렵지 않게 추측해볼 수 있다. 이것은 거의 반박할 수 없는 사실이다.

실제로 이보다 더 편안한 세상을 상상하기가 어려운데 앞으로 올 더 나은 세상에 관심을 집중하는 것은 어려운 일이다. 과학이 현 세상에서 우리를 편안하게 만들어줄 수 있는 한, 아무리 하나님이 약속하셨더라도 새로운 세상에 대해 즐거운 기대를 하기는 솔직히 어렵다.

기대하라

그러나 이러한 사회적 상황 너머에 신학적 문제가 있다. 즉, 너무 많은 사람이 예수 그리스도에 대해 미흡한 관점을 갖고 있다는 것이다.

우리 시대에는 그리스도가 설명되었고, 인간화되었고, 강등되었다. 신앙을 고백하는 많은 그리스도인들은 더 이상 예수님이 새로운 질서를 도입하실 거라고 기대하지 않는다. 그들은 예수님이 그렇게 하실 수 있다고 전혀 확신하지 않는다. 혹은 하시더라도, 예술이나 교육, 과학, 기술의 도움, 즉 인간의 도움을 받을 것으로 생각한다.

이렇게 바뀐 기대는 결국 많은 이들에게 환멸을 불러온다. 당연히 왕관을 빼앗긴 왕의 왕이나 통치권을 잃어버린 주의 주를 보고 즐겁게 기뻐할 수 있는 사람은 없다.

그 문제의 또 다른 면은 예언을 가르치는 자들 사이에서 계속 되는 혼란이다. 그들 중 일부는 그들이 가르친다고 주장하는 예언서들보다 더 많은 것을 알고 있다고 공언하는 듯하다.

이것은 역사의 영역에 속한 것일 수 있으나, 1차 세계대전이 일어난 즈음만 해도 복음적인 그리스도인들 사이에 말세가 가까이 왔다는 느낌이 있었고 곧 나타날 새로운 세상에 대한 기대와 소망이 있었다.

성경적 소망의 일반적인 개요를 보면, 이 새로운 질서에 앞서 그리스도가 조용히 이 땅에 재림하셔야 한다. 이는 세상에 머물기 위함이 아니라, 죽은 자들 가운데 의로운 자들을 일으켜 영원히 살게 하며, 눈 깜짝할 사이에 살아 있는 성도들을 영화롭게 하기 위함이다. 주님은 이들을 어린양의 혼인 잔치에 데려가실 것이다. 그동안 세상은 대환란 속에서 불과 피의 세례를 받는다. 그 기간은 비교적 짧으며, 아마겟돈 전쟁과 그리스도께서 그의 신부와 함께 천 년을 다스리기 위해 승리의 귀환을 하시면서 극적으로 끝날 것이다.

확실히 그 기대에 찬 그리스도인들은 오늘날 우리에게 크게 결여된, 매우 놀라운 무언가를 갖고 있었다. 그들에겐 일치된 소망이 있었다. 그들의 활동은 집중되어 있었다. 그들은 온전히 승리를 기대했다.

오늘날 우리 그리스도인의 소망은 많은 점검과 분석, 수정을 거쳐서 우리가 지지하는 소망에 진정성이 있다고 말하기가 부끄럽다.

오늘날 신앙을 고백하는 그리스도인들은 전 세대가 전혀 의심하지 않았던 것들을 입증하려 하며 방어태세를 취한다. 불신자들이 우리를 궁지에 몰아넣게 했고, 그들에게 만남의 시간과 장소를 선택할 수 있는 혜택을 주었다.

우리는 유사 기독교를 믿는 자들의 공격에 괴로워하며, 우리가 취하는 과민하고 자의식적인 방어는 '종교적 대화'로 불린다. 종교적 비평가들의 경멸이 담긴 공격하에, 더 똑똑해야 할 진짜 그리스도인들이 지금 자신들의 믿음을 '다시 생각하고' 있다.

가장 최악은, 혼란에 빠진 그리스도인들의 세대에 성스러운 장소가 남아 있다 해도 그곳에서 경배 대신 기념행사가 열리고 있다는 것이다.

요약하면, 그리스도의 재림에 대한 교리와 소망 간에는 큰 차이가 있음을 우리가 알아야 한다고 생각한다.

복된 소망을 조금도 느끼지 못한 채 교리를 지키는 것도 분명히 가능하다. 실제로 오늘날 그 교리를 고수하는 수많은 그리스도인들이 있다. 그러나 내가 여기서 다루려고 했던 것은 삶을 새로운 차원으로 끌어올리고 열광적인 낙관주의로 마음을 가득 채우는 압도적인 기대감이다. 이것이 지금 우리에게 많이 결여되어 있다는 것이 나의 의견이다.

솔직히, 초대 교회에 생기를 불어넣고 불과 몇십 년 전까지 복음적인 그리스도인들의 마음에 힘이 되어주었던 기대감을 되찾을 수 있을지는 잘 모르겠다.

잔소리하거나, 예언의 사소한 문제들에 대해 논쟁을 하거나, 우리와 생각이 다른 사람들을 비난하는 것으론 그것을 되찾지 못할 것이다. 이 모든 것, 혹은 어느 하나를 하더라도 우리가 바라는 그 기쁨에 찬 기대감을 일으키지 못할 것이다. 우리를 하나 되게 하고, 아픔을 치유하며, 정결하게 하는 소망은 어린아이와 같은 순수한 마음을 가진 단순한 사람들을 위한 것이다.

형제들이여, 마지막으로, 과거에 그러한 기대를 갖고 살았던 모든 신자들이 완전히 틀리지 않았다고 말하겠다. 그들은 시간에 대해 잘못 알고 있었을 뿐이다. 그들은 그리스도의 승리를 실제보다 더 가까운 일로 여겼고, 그래서 그들의 타이밍은 빗나갔다. 하지만 그들의 소망 자체는 유효했다.

우리 중 많은 이들이 우리가 목표지점으로 삼고 있는 산까지의 거리를 잘못 판단했던 경험이 있다. 하늘을 배경으로 어렴풋이 보이는 그 거대한 산은 매우 가까워 보였는데, 우리가 다가갈수록 산은 자꾸만 멀어져 가는 것 같았다.

따라서 세상일에 지친 순례자의 마음에 하나님의 성이 너무나 커 보여, 때때로 그는 착시의 무고한 피해자가 된다. 그가 다가 갈수록 영광이 더 멀어져가는 것만 같을 때 그는 적잖이 실망할 것이다.

그러나 산은 실제로 거기에 있다. 여행자는 그곳에 도달하기 위해 그저 계속 나아가기만 하면 된다. 그리스도인의 소망도 실체이다. 그의 판단은 항상 예리하지 않지만, 장기적으로 볼 때 그는 잘못 생각하지 않았다. 그는 하나님의 때에 그 영광을 볼 것이다!

💬 깊이 생각하기

1. 그리스도가 새 창조의 머리이심을 아는 것이 지금 당신의 삶의 방식에 어떤 영향을 끼치는가?

2. 이 장에서 토저가 그리스도를 묘사하는 방식과 비교해볼 때, 당신이 마음속에서 그리스도를 '강등'시킨 적은 없는지 돌아보자.

3. 당신의 삶의 걸음을 돌아보라. 당신은 영생을 생각하며 사는가, 아니면 주로 현재의 염려에 관심을 두고 있는가?

4. 오늘날 교회가 그리스도의 새로운 질서에 대해 초대 교회만큼 기대한다면 어떤 모습이 될 거라고 상상되는가?

* *Tozer Speaks, Volume 2*
  Christian Publications, 1994; WingSpread Publishers, 2010, 재출간.

예수 JESUS

초판 1쇄 발행   2021년 10월 29일

지은이   A.W. 토저
옮긴이   유정희

펴낸이   여진구
책임편집   이영주 정선경
편집   최현수 안수경 김도연 최은정 김아진 정아혜
책임디자인   마영애 노지현 조은혜
기획·홍보   김영하   해외저작권   진효지
마케팅   김상순 강성민 허병용   마케팅지원   최영배 정나영
제작   조영석 정도봉   경영지원   김혜경 김경희

이슬비전도학교   최경식   303비전성경암송학교   박정숙
303비전장학회 & 303비전꿈나무장학회   여운학

펴낸곳   규장

주소   06770 서울시 서초구 매헌로 16길 20(양재2동) 규장선교센터
전화   02)578-0003   팩스   02)578-7332
이메일   kyujang0691@gmail.com   홈페이지   www.kyujang.com
페이스북   facebook.com/kyujangbook   인스타그램   instagram.com/kyujang_com
카카오스토리   story.kakao.com/kyujangbook
등록일   1978.8.14. 제1-22

ⓒ 한국어 판권은 규장에 있습니다.
이 출판물은 저작권법에 의해 보호를 받는 저작물이므로 무단 전재와 무단 복제를 할 수 없습니다.

책값   뒤표지에 있습니다.
ISBN 979-11-6504-252-3 03230

규 | 장 | 수 | 칙

1. 기도로 기획하고 기도로 제작한다.
2. 오직 그리스도의 성품을 사모하는 독자가 원하고 필요로 하는 책만을 출판한다.
3. 한 활자 한 문장에 온 정성을 쏟는다.
4. 성실과 정확을 생명으로 삼고 일한다.
5. 긍정적이며 적극적인 신앙과 신행일치에의 안내자의 사명을 다한다.
6. 충고와 조언을 항상 감사로 경청한다.
7. 지상목표는 문서선교에 있다.